## ***ACCESO GRATIS** a la Lectura en la Nube*

Para visualizar el libro electrónico en la nube de lectura envíe junto a su nombre y apellidos una fotografía del código de barras situado en la contraportada del libro y otra del ticket de compra a la dirección:

**ebooktirant@tirant.com**

En un máximo de 72 horas laborables le enviaremos el código de acceso con sus instrucciones.

# CIBERINTELIGENCIA EN LA GEOPOLÍTICA Y GEOECONOMÍA ACTUAL

## Principales amenazas para la Unión Europea. Más allá del marco jurídico

# CIBERINTELIGENCIA EN LA GEOPOLÍTICA Y GEOECONOMÍA ACTUAL

## Principales amenazas para la Unión Europea. Más álla del marco jurídico

JOSÉ LOMINCHAR JIMÉNEZ
Hugo Zunzarren
Rocío Medina

tirant lo blanch
Valencia, 2024

En caso de erratas y actualizaciones, la Editorial Tirant lo Blanch publicará la pertinente corrección en la página web www.tirant.com.

Director de la Colección:
**JOSÉ LUIS GONZÁLEZ CUSSAC**
*Universidad de Valencia*


EDITA: TIRANT LO BLANCH
C/ Artes Gráficas, 14 - 46010 - Valencia
TELFS.: 96/361 00 48 - 50
FAX: 96/369 41 51
Email: tlb@tirant.com
www.tirant.com
Librería virtual: www.tirant.es
DEPÓSITO LEGAL: V-4517-2023
ISBN: 978-84-1197-728-9
MAQUETA: Tink Factoría de Color

Si tiene alguna queja o sugerencia, envíenos un mail a: *atencioncliente@tirant.com*. En caso de no ser atendida su sugerencia, por favor, lea en *www.tirant.net/ index.php/empresa/politicas-de-empresa* nuestro procedimiento de quejas.

Responsabilidad Social Corporativa: http://www.tirant.net/Docs/RSCTirant.pdf

*Agradecimiento a los compañeros de viaje que hicieron posible este trabajo.*
*Hugo Zunzarren analista de inteligencia y profesor internacional en*
*la materia por su excelencia y a nuestra incansable Rocío Medina,*
*experta en análisis de datos por su valiosa labor de investigación.*

# Índice

# *Prólogo*

**ANTONIO SÁNCHEZ BAYÓN**
*Doctor en Derecho, en Teología, en Humanidades, en Filosofía y en Economía*
*Prof. Economía Aplicada en Universidad Rey Juan Carlos*

El autor de esta obra, el profesor José Lominchar, es un reputado especialista internacional en Ciberinteligencia, volviendo a dar prueba de ello con el texto "entre manos": se amplía el conocimiento disponible sobre Ciberinteligencia, tanto por la temática como por el enfoque. Sobre la temática, ésta es clave, pues se trata de un análisis y sistematización de las principales amenazas para la estabilidad y continuidad de la integración europea (actualmente, vía Unión Europea-UE). En cuanto al enfoque, se abren nuevas vías de estudio, gracias a conectar la Ciberinteligencia con otras ciencias y disciplinas afines (en este caso, la Geopolítica y la Geoeconomía). Por tanto, aquí se presentan de manera sistemática e interconectada una serie de problemas diversos, que alcanzan desde ciberataques hasta bombardeo de *fake-news* o toda clase de desinformación desestabilizadora de gobiernos y empresas, y que amenazan tres frentes del futuro inmediato europeo. La triangulación de Ciberinteligencia y Geoeconomía ofrecida aquí, desvela los siguientes focos de inestabilidad (de los cuales sólo uno es algo conocido por el público general): a) el caso Rusia-Ucrania (contrainteligencia vs. desinformación masiva, cap. 3); b) el caso Kosovo-Serbia (tensión entre candidatos de la UE, cap. 4); c) el caso Chipre-Turquía (el *caballo de Troya* de la UE y OTAN, cap. 5).

Permítame amigo lector que comparta con usted la intra-historia de este libro. Su origen estuvo en unas conversaciones entre el autor y un servidor, a finales del año 2022, tras unas conferencias de derechos humanos y la guerra en Ucrania, organizadas por el Poder Judicial de Perú[1]. La transcripción de una de dichas conferencias fue publicada en enero de 2023 por la revista *Semestre Económico* (Sánchez-Bayón, 2023), lo que avivó este proyecto. Resulta que, el profesor Lominchar, entre otros muchos interesantes proyectos, dirige una colección sobre Ciberinteligencia publicada por Tirant Lo Blanch (una de las editoriales más prestigiosas de España y del mundo Iberoamericano), por lo que lo vio claro de inmediato: había que preparar un libro sobre la guerra en Ucrania y otras amenazas en curso para Europa, conectando todo ello con la Ciberinteligencia. Dados mis problemas de salud y el nacimiento reciente de mi hijo Moisés (el 28 de enero de 2023), sólo me permitió aportar una serie de consideraciones preliminares (ayudando a esbozar el esquema de trabajo), que gracias a su aguda inteligencia y gran capacidad de trabajo, el profesor Lominchar, terminó plasmando en tiempo record en este valioso libro. Una vez lograda tan hercúlea tarea (el libro fue escrito durante el fin de curso y su "burrocracia" aparejada —y no, el curso no termina con los exámenes, pues luego tienen lugar los tribunales, comisiones, etc.), el profesor Lominchar, en su tremenda generosidad, quiso reincorporarme al proyecto, solicitándome que preparara este prólogo.

No se pretende aquí resumir, ni parafrasear, ni desvelar algunas de las claves de lo que se va a encontrar a lo largo del libro. En todo caso, se desea aprovechar la oportunidad para agradecer al profesor Lominchar que haya renunciado a su tiempo de descanso y ocio familiar, brindando así este libro pionero y que adolece del mal de Casandra, ya que adelanta alguno de los males en ciernes y que pocos desean prestar atención (una de las cuestiones que al final ha quedado fuera y que bien podría ser objeto de otro libro, por ejemplo, es la cuestión del *óblast* o región rusa de Kaliningrado —anexionado en

---

1 Ponencia de Sánchez-Bayón: "Las consecuencias globales de la guerra en Ucrania y propuestas de pacificación desde los Derechos Humanos", organizado por Segunda Sala Laboral Permanente de Huancayo transmitido en vivo por redes sociales, 12/11/22 (URL: Las consecuencias globales de la guerra en Ucrania y propuestas de pacificación desde los Derechos Humanos | Las consecuencias globales de la guerra en Ucrania y propuestas de pacificación desde los Derechos Humanos | By Segunda Sala Laboral Permanente de Huancayo | Facebook; CONSECUENCIAS GLOBALES DE LA GUERRA DE UCRANIA Y DERECHOS HUMANOS. | PODER JUDIAL. PERÚ NOV 2022 - YouTube).

1945, dando salida al Báltico—, junto con el corredor de Suwalki y los rusófilos en los países bálticos y Polonia: todo ello combinado podría desestabilizar la región, pero ahí sí tendría que entrar la OTAN). Pues bien, sobre los tres focos de problemas seleccionados para la UE, cabe añadir las siguientes notas preliminares clarificadoras (para asegurar un mayor provecho de la lectura de este valioso libro).

Los casos seleccionados, son bien complejos y están relacionados por la política de ampliaciones de la UE (o sea, que es la propia UE, que al buscar su provecho ha provocado el despertar de conflictos soterrados —al menos esa era la hipótesis de las conversaciones iniciales del proyecto). En cuanto al caso Rusia-Ucrania, es una muestra de guerra híbrida total, con múltiples ejemplos de contrainteligencia y desinformación masiva (ante tal confusión, ayuda la regla latina *cui prodest* o quién se beneficia). Resulta que la actual guerra ruso-ucraniana, tiene su origen con el anuncio (el 22 de julio de 2008) de la firma de un Acuerdo de Asociación-AA con Ucrania (hito previo a la incorporación a la UE). Téngase en cuenta que, por entonces, la UE necesita abrir nuevos mercados para salir cuanto antes de la Gran Recesión de 2008, además de asegurar así la estabilidad de la llegada de suministro de gas (de origen ruso y que pasaba por Ucrania —ahorrándose así el peaje si se anexionaba). Sin embargo, el efecto fue el contrario: el reciente pro-europeismo ucraniano puede atribuirse a la figura de Yulia Timoshenko, mujer de negocios y líder de la oposición ucraniana (retenida en Rusia en 2001, promotora de la revolución naranja en 2004, Primera Ministra en 2005 y 2007-10), quien promoviera el AA, y finalmente acabó arrestada en 2011 por el Presidente "títere" de Rusia, Yanukóvich. Sin embargo, la semilla ya estaba sembrada, dándose lugar a la revolución de Euromaidán a finales de 2013 (cuando Yanukóvich intentó la retirada de la firma del AA), y cuya respuesta rusa fue la invasión de Crimea. Fue entonces cuando la UE, para apaciguar a sendas partes, favoreció los Acuerdos de Minsk, por los que Ucrania aceptaba la pérdida de Crimea y debía entregar su armamento nuclear a Rusia, a cambio de poder avanzar hacia su incorporación en la UE y OTAN. Como la UE ya había salido de la Gran Recesión (y estaba completando sus gaseoductos de *Nord Stream* por el mar Báltico), prefirió buscar otro objetivo de ampliación (para la colocación de excedente alemán, a falta de la recuperación de los países mediterráneos); dicho objetivo debía distanciarse de Ucrania, para no molestar a su principal suministrador de materias primas baratas (Rusia), por lo que se pensó en Turquía, y más tarde en los Balcanes occidentales. Pese a que Turquía viene siendo aspirando a ser candidata desde los años 60 (vetada reiteradamente por Francia, para no perder su esfera propia de influencia), resulta que bajo el autócrata Erdoğan (en el poder desde 2003), se ha alejado de la condición de país candidato oficial (declarada en 2004). Actualmente, a Turquía le interesa más la esfera anti-occidental (en asociación con los BRICS, la Unión Euro-Asiática, la Organización para la Cooperación Islámica, etc.), por lo que se rechazó la propuesta de la UE (eso sí, sin renunciar a su condición de integrante de la OTAN, de modo que así puede beneficiarse de sendos mundos y hacerse valer como mediador, con jugosos beneficios por ello). De tal guisa, los burócratas desmemoriados de la UE ofrecieron la ampliación a los países de los Balcanes occidentales (tras el relativo éxito de la incorporación de los Balcanes orientales), olvidándose así de cuestiones clave de la Primera Guerra Mundial hasta la Guerra de la ex Yugoslavia. El problema es que Kósovo no es aún un Estado de pleno derecho, sino que está bajo el auspicio de la ONU y OTAN, mientras que Serbia es un pueblo afín a Rusia, y anhela la anexión de Kósovo (un avispero en toda regla).

Con estas consideraciones preliminares, se espera se entienda mejor la selección y relación entre los casos estudiados en tan valioso libro. Ahora sí, amigo lector, sírvase a disfrutar de las perlas que le ha seleccionado el profesor Lominchar.

*Capítulo 1*

# *La Nueva realidad y su proyección Económica, Jurídica y Política*

El mundo sigue cambiando y son necesarias nuevas cartografías e instrumental para guiarnos (Sánchez-Bayón, 2012, 2016, 2017, 2018 y 2019; Valero y Sánchez-Bayón, 2018). En esta obra se ofrece un análisis prospectivo de los principales focos de posible conflicto internacional, que mayor impacto pueden tener en la economía mundial y cómo la ciberinteligencia está ayudando a mantenerlos en estado latente o bajo control local (Baños, 2018, 2020 y 2022). Se focaliza la atención en aquellos casos de mayor incidencia en Europa (Sánchez-Bayón, 2023), como pasa con Ucrania-Rusia, Kósovo-Serbia y Chipre-Turquía. Finalmente se incorpora una referencia al impacto desde la perspectiva de las relaciones entre ciberinteligencia y geoeconomía que pueden tener en los marcos normativos (tanto de la Unión Europea como en cada uno de los Estados miembro y terceros vinculados).

En la era de la información y la conectividad global, la ciberinteligencia y la geopolítica han emergido como dos pilares fundamentales que moldean las relaciones internacionales y la toma de decisiones estratégicas. La ciberinteligencia implica la recopilación, análisis y uso de información digital para influir en los eventos mundiales, mientras que la geopolítica se centra en cómo la ubicación geográfica y los factores políticos afectan la dinámica global.

En la comentada interconectada era digital, la ciberinteligencia geopolítica también ha emergido como una fuerza transformadora que afecta no solo las relaciones internacionales, sino también la economía global. La ciberinteligencia, en esa recopilación y el análisis de información digital, se ha convertido en una herramienta clave para los gobiernos y actores estatales en la toma de decisiones estratégicas y la protección de sus intereses nacionales e internacionales. En este sentido, la ciberinteligencia geopolítica influye de forma transversal en todos los elementos e intereses estratégicos de una nación y organización.

El presente trabajo explora la convergencia de la ciberinteligencia y la geopolítica, analizando su influencia en la seguridad, la política y la economía a nivel internacional analizando diferentes casos, pero previamente al análisis de estos casos, reflexionemos conceptualmente sobre alguna de esas conexiones entre ciberinteligencia, geopolítica, economía y ámbito jurídico como punto de partida.

## LA CIBERINTELIGENCIA EN LA GEOPOLÍTICA

La ciberinteligencia se ha convertido en un recurso valioso para los gobiernos, las agencias de inteligencia y las organizaciones en todo el mundo. Su capacidad para recopilar información crítica y realizar análisis avanzados ha transformado la forma en que los actores estatales y no estatales comprenden y abordan las cuestiones geopolíticas. Algunas de las formas en que la ciberinteligencia influye en la geopolítica son:

Ciberespionaje y Vigilancia: Los gobiernos utilizan la ciberinteligencia para monitorear las actividades de otros estados, recopilando información sobre sus intenciones, capacidades militares y políticas. Esto puede influir en la toma de decisiones y en la formulación de políticas, ya que la información recopilada puede revelar alianzas, objetivos y amenazas potenciales.

Ataques Cibernéticos y Operaciones Encubiertas: Los ataques cibernéticos patrocinados por estados pueden desempeñar un papel crucial en la geopolítica al permitir la interrupción de servicios críticos, la degradación de infraestructuras y el robo de información confidencial. Estos ataques pueden utilizarse como herramientas de presión política o para avanzar en los intereses estratégicos.

Influencia en la Opinión Pública: La ciberinteligencia también puede influir en la opinión pública y en las narrativas políticas a nivel internacional.

A través de la manipulación de las redes sociales y la difusión de desinformación, los actores estatales y no estatales pueden moldear la percepción global de eventos y cuestiones geopolíticas.

Desafíos y Ética: A pesar de sus beneficios, la intersección de la ciberinteligencia y la geopolítica también plantea desafíos significativos. La proliferación de ciberataques y la dependencia de la tecnología pueden aumentar las tensiones entre los estados y socavar la confianza en las relaciones internacionales. Además, la privacidad de los ciudadanos y la soberanía de las naciones pueden estar en riesgo si la ciberinteligencia se utiliza de manera indiscriminada o abusiva.

La ciberinteligencia ha transformado la forma en que se abordan los asuntos geopolíticos y ha amplificado el alcance de las decisiones políticas y estratégicas. Si bien presenta oportunidades para mejorar la seguridad y la comprensión global, también conlleva responsabilidades éticas y desafíos en términos de seguridad cibernética y privacidad. A medida que la tecnología continúa avanzando, la intersección de la ciberinteligencia y la geopolítica seguirá siendo un tema crucial en la agenda mundial

## LA CIBERINTELIGENCIA EN EL ÁMBITO JURÍDICO

La ciberinteligencia y la geopolítica nos obligan a reflexionar sobre su impacto en diferentes ámbitos de nuestra sociedad, uno de ellos es el Impacto en el Ámbito Jurídico.

El uso de la ciberinteligencia ha planteado desafíos significativos en términos de regulación y marco legal. La rápida evolución de las tecnologías cibernéticas a menudo supera la capacidad de las leyes existentes para abordar cuestiones emergentes. Los gobiernos y las autoridades judiciales enfrentan el desafío de adaptar la legislación existente para abordar cuestiones relacionadas con la ciberinteligencia, como la vigilancia en línea y la recopilación de datos.

El Derecho digital, el derecho internacional, los derechos individuales, la privacidad... son un claro ejemplo de la necesidad, evolución en impacto a nivel nacional e internacional.

Derechos Individuales y Privacidad: Uno de los mayores desafíos en el ámbito jurídico es cómo equilibrar la ciberinteligencia con los derechos individuales y la privacidad. La ciberinteligencia puede implicar la recopilación masiva de datos, lo que plantea preocupaciones sobre la invasión de la privacidad y el riesgo de abusos. Los debates en torno a la retención y el acceso a datos personales son cruciales para garantizar que la ciberinteligencia se utilice de manera ética y responsable.

Reglas de Recopilación y Uso de Datos: Las normas y reglas para la recopilación y el uso de datos en la ciberinteligencia varían significativamente entre jurisdicciones. Esto complica la cooperación internacional y la persecución de delitos cibernéticos transfronterizos. La armonización de las normas y la cooperación internacional son fundamentales para abordar de manera efectiva los delitos cibernéticos y garantizar la justicia.

## *Oportunidades y Desafíos Futuros*

Nuevas Formas de Delincuencia: La ciberinteligencia será crucial para abordar las amenazas emergentes, como el cibercrimen y el ciberterrorismo. Sin embargo, se requerirán leyes y regulaciones actualizadas para enfrentar estos nuevos desafíos.

Colaboración Internacional: La ciberdelincuencia a menudo trasciende las fronteras. La cooperación internacional en términos de intercambio de información y evidencia será fundamental para llevar a cabo investigaciones exitosas y garantizar la rendición de cuentas.

Ética y Transparencia: La ciberinteligencia debe llevarse a cabo de manera ética y transparente. La formulación de pautas claras sobre la recopilación de datos, la supervisión y el uso de la ciberinteligencia es esencial para construir la confianza del público y proteger los derechos individuales.

La ciberinteligencia es una herramienta poderosa que tiene un impacto profundo en el ámbito jurídico. A medida que la tecnología avanza y las amenazas cibernéticas evolucionan, es fundamental que la legislación y las normativas se adapten para abordar estos desafíos. El equilibrio entre la ciberinteligencia y los derechos individuales, la privacidad y la cooperación internacional es esencial para garantizar un enfoque efectivo y ético en la lucha contra las amenazas cibernéticas.

## LA CIBERINTELIGENCIA Y EL IMPACTO EN LA ECONOMÍA GLOBAL

Ciberespionaje y Propiedad Intelectual: El ciberespionaje a nivel geopolítico a menudo tiene como objetivo robar propiedad intelectual, secretos comerciales y tecnologías sensibles. Esta transferencia no autorizada de conocimientos puede afectar gravemente la ventaja competitiva de las empresas y, por ende, la economía. Las compañías pueden perder inversiones significativas en investigación y desarrollo debido a la ciberinteligencia, lo que disminuye su innovación y competitividad.

Ciberataques Económicos: Los ciberataques patrocinados por estados pueden tener un impacto directo en la economía global al interrumpir servicios esenciales, infraestructura crítica y redes financieras. Estos ataques pueden causar pérdidas económicas sustanciales, afectando la confianza de los inversores y las operaciones comerciales. Además, los ciberataques pueden tener efectos en cadena en los mercados financieros y la cadena de suministro global.

Influencia en Políticas Comerciales: La ciberinteligencia también influye en la formulación de políticas comerciales y acuerdos internacionales. Los datos recopilados mediante la ciberinteligencia pueden proporcionar a los gobiernos información sobre las tácticas comerciales de otros países, lo que puede influir en las decisiones sobre aranceles, sanciones y acuerdos comerciales.

### *Desafíos y Oportunidades Futuras*

- Protección de Datos y Privacidad: La ciberinteligencia a menudo involucra la recopilación masiva de datos, lo que plantea preocupaciones sobre la privacidad y la protección de datos personales. Los desafíos jurídicos y éticos relacionados con la privacidad deben abordarse para garantizar que la ciberinteligencia no viole los derechos individuales.

- Cooperación Internacional: Dado que la ciberinteligencia no se detiene en las fronteras, la cooperación internacional es esencial para abordar las amenazas cibernéticas. La colaboración entre gobiernos y sectores económicos es crucial para desarrollar estrategias de ciberseguridad y proteger la economía global.

La ciberinteligencia geopolítica está intrínsecamente entrelazada con la economía global. Su impacto en sectores como la propiedad intelectual, la ciberseguridad económica y las políticas comerciales es innegable. Si bien la ciberinteligencia puede proporcionar a los actores estatales una ventaja estratégica, también presenta desafíos éticos y prácticos que deben abordarse para garantizar un equilibrio entre la seguridad y la preservación de la economía global.

## *Capítulo 2*

# *El papel de la Ciberinteligencia en la Geoeconomía*

Así como los diversos sistemas normativos existentes, precisan engendrar legislaciones que se encuentren a la altura de las exigencias y necesidades propias de la globalización en la que nos encontramos inmersos, al mismo tiempo otras disciplinas y áreas de conocimiento, no sólo deben hacer frente a un panorama idéntico, sino también combatir aquellas vicisitudes que por su naturaleza y finalidad les corresponde (Sánchez-Bayón, 2012, 2016, 2017, 2018 y 2019; Valero y Sánchez-Bayón, 2018).

La Geoeconomía populariza su denominación gracias a autores como Edward LuttWark (1990). Posteriores autores han ampliado y/o matizado el concepto de la Geoeconomía, lo que verdaderamente es de nuestro interés es conocer de qué se ocupa. Pues así, se tomará conciencia de su relevancia para los Estados. Teniendo presente las distintas políticas, economías, aspectos comerciales, financieros y relaciones tanto a nivel nacional como internacionales, la Geoeconomía define estrategias precisas, oportunas y pertinentes. Para que así, los Estados puedan verse dotados de un amplio abanico de instrumentos que no sólo les brinde el soporte idóneo para velar por sus intereses económicos, sino que también les permita obtener capacidad anticipativa y posicionamiento respecto de los demás países.

Como un "todo" interconectado, los sistemas económicos de cada país, dependen de todos sus actores intervinientes. O lo que es lo mismo, desde los más pequeños, hasta los de mayor magnitud.

Un fallo, mínimo colapso o retraso en aquellas redes de obtención de materias primas[1] y de las que dependan los demás sectores nacionales, desemboca en alteraciones del sistema.

---

1 Entiéndase en este contexto el uso del término "materias primas" para la definición de todos aquellos elementos precisos para la producción y con-

Como si de un sistema circulatorio se tratase. Todas las conexiones que sustentan la economía de un país requieren de una organización previa, ya sea porque dicho Estado sea exportador de un servicio, producto o similar y de ahí, genere una base económica. O bien, por su decisión de autoabastecimiento y por ende, independencia y contención de recursos. La organización estructurada, que se alude, pende de un elaborado proceso: donde cada movimiento se ha diseñado por y para una acción determinada. Así, dirigida a la consecución de un objetivo, el cual espera ser satisfactorio económica y financieramente para el Estado para el cual se ha conformado o logra llegar a serlo, contar con las medidas efectivas y suficientes para poder hacer frente a cualquier contratiempo. No obstante, lo anteriormente expuesto hace alusión a una visión micro y concentrada dentro de un territorio nacional.

Elemento que si ya de por sí, puede observarse complejo y necesitado de unas estrategias precisas para su subsistencia y desarrollo, teniendo presente las exigencias del mercado. Si es elevado a un escenario donde confluyen diversos sistemas económicos. Cada cual con sus políticas, intereses, propósitos, leyes, costumbres, sociedad y tendencias, se pone de manifiesto la necesidad de contar con un proceso efectivo, coherente y sobre todo a tiempo, de toma de decisiones.

Siendo aquí, donde participa activa y necesariamente la Inteligencia (como se denomina en el mundo anglosajón). Más concretamente, una de sus diversas ramificaciones, que pese a tratarse originalmente de aplicación militar y ulteriormente insertada en el ámbito empresarial, ha alcanzado una notable presencia en los últimos años. Tanto en el sector público como en el privado. Hablamos de la Ciberinteligencia.

Ello motivado por la cantidad ingente de ciberamenazas existentes —de mayor o menor grado— así como ciberataques de gran calado.

---

tinuación de los demás sectores que conforman la economía de un país. Desde el ámbito agrario, hasta tecnológico. Por ejemplo: producción de cables para la instalación de fibra óptica.

¿Quién a día de hoy no ha escuchado el término "*ransomware*"?[2] Por ejemplo, tal vez se ha leído en medios digitales e incluso visionado en los noticieros nacionales los mayores ciberataques perpetrados a través de las distintas generaciones de dicho malware. Como "*WannaCray*", el cual en mayo de 2017 colapsó a miles de empresas y ordenadores europeos. Sin olvidar a *Petya*, que en 2016 le costó millones de euros a varias empresas. Como por ejemplo, la naviera danesa *Maersk*. Incluyendo a su actualización en su versión "*NotPetya*"

Sin embargo, la amenaza de los malware no sólo comprende a los efectuados bajo la ejecución de un *ransomware*. Ya que éste, se trata únicamente de un tipo de software malicioso, existiendo una amplia variedad como pueden ser los virus, *spyware*[3], troyanos, *rogueware*[4], entre otros.

Ataques DDoS —también conocido como denegación del servicio—, *SQL Injection*, *"Man in the middle"*... Así continúa una extensa lista de los diversos tipos de ciberataques a los que nos encontramos expuestos en nuestro día a día, civiles, profesionales cualificados, PYMES, multinacionales, instituciones, ministerios y gobiernos centrales. A lo que hay que añadir las campañas de desinformación o fakenews, que permiten descapitalizar empresas o desestabilizar gobiernos a velocidades de vértigo.

De hecho, la Agencia de la Unión Europea para la Ciberseguridad (*ENISA*), publicó en enero de 2022 —para posteriormente actualizarlo en abril de 2023— un listado con porcentajes de aquellos sectores

---

2 *Ransomware*: " extorsión que se realiza a través de un malware que se introduce en los equipos de las empresas: ordenadores, portátiles y dispositivos móviles" Vía: INCIBE.

3 *Spyware*: malware programado para la sustracción y recopilación ilícita de datos e informaciones para ser enviados a otro equipo y/o servidor.

4 *Rogueware*: también conocido como "falso antivirus". La función de este software malicioso consiste en alertar al usuario de un falso fallo en el sistema debido a una infección.
El cual únicamente puede repararse realizando la compra de una herramienta en específico para su reparación y saneamiento del sistema para que el mismo vuelva a estar operativo.

estatales, que dentro de un período comprendido entre julio de 2021 y junio de 2022 fueron los más afectados por las ciberamenazas[5].

Situándose en cabeza, ergo el más susceptible de sufrir ataques —contabilizando tanto los efectivamente perpetrados como los controlados por los protocolos de seguridad instaurados en sus sistemas— se encuentran las administraciones públicas y el gobierno (24%) seguido de los proveedores de servicios digitales (13%) público general y servicios (ambos con un 12%) y finalizando con el sector finanzas (9%) y sanidad (7%) reservando el porcentaje restante para otros ámbitos.

Empero, los países integrantes de la UE no son los únicos expuestos a los inminentes peligros latentes en el ciberespacio. Pues siendo el alcance y extensión del mismo global, desde países menos desarrollados a aquellos que se coronaron como potencias hegemónicas hace años, fueron golpeados por ciberataques.

Tal y como sucedió el 9 de mayo de 2021. Cuando el Presidente de los Estados Unidos, Joe Biden, declaró el Estado de Emergencia.

Todo comenzó cuando la mayor red de transportes de oleoductos del país alertó de que sus redes corporativas se encontraban sufriendo un ciberataque.

Para comprender la necesidad de activar el Estado de Emergencia, es imprescindible conocer por qué dicho ataque cibernético puso en jaque a EEUU. Y es que, la empresa *Colonial Pipeline* es la encargada de dicha red de transportes de gasolina, gasoil y combustible para aviones suministrada a través de un sistema de tuberías la cual cuenta con una longitud de 8.850 kilómetros. Lo que se traduce en que transporta diariamente una cantidad de 2,5 millones de carburantes, suponiendo el 45% empleado en la costa este. Puesto que abastece un territorio comprendido desde Texas a Nueva York. Pues bien, una vez emitida la alerta, la empresa cerró el oleoducto. El motivo, se tomó esa decisión para intentar controlar y contener el daño producido por el ciberataque. Ya que, de continuar exponiendo los

---

5 Ciberseguridad: amenanzas principales y emergentes | Noticias | Parlamento Europeo (europa.eu) **Nota de interés**: no corregir el fallo ortográfico de la palabra "amenanzas" contenido en el enlace para acceder al mismo.

sistemas informáticos y no blindarlos, la probabilidad de que los ciberatacantes accediesen a zonas más vulnerables del sistema y robasen datos e información sensible era superior al 80%.

Ello supuso una interrupción controlada del suministro de combustible de sus cuatro líneas principales —aunque las redes más pequeñas continuaron operativas— hecho que, aunque temporal, derivó en la activación de protocolos de abastecimiento de emergencia. Así como reconfigurar redes de suministro, con la finalidad de que el impacto para los servicios y por ende, la economía fuera el mínimo posible.

No obstante, las pérdidas fueron notables. Incluyendo el robo de 100 GB[6] de unidades de información y datos confidenciales. Lo que conformó la base para la extorsión llevada a cabo por el grupo de cibercriminales. Quienes exigían el pago de un rescate por dicha información y declararon que, en el caso de no acceder a sus pretensiones, revelarían en internet todo el contenido sustraído.

Finalmente, la empresa *Colonial Pipeline*, optó por pagar un capital de casi 5 millones de dólares en Bitcoin[7]. Que posteriormente fue recuperado en parte por EEUU.

En cuanto a la autoría del ciberataque, el FBI en primer lugar se la imputó al grupo de *Hackers DarkSide*[8] debido a que el idioma empleado durante el ataque fue el ruso. Lo que introdujo la necesidad de

---

6 GB: Gigabyte. Unidad de medida informática. 1GB corresponde a 1,024 megabytes.

7 *Bitcoin*: Criptomoneda. Moneda electrónica. Sin número de serie, ni sistema de rastreo. Dinero no fiduciario. De unidad intercambiable. Anónimo, al no precisar la identificación real del propietario. Medio más empleado por los ciberdelincuentes y grupos de cibercriminales a la hora de efectuar extorsiones por ciberataques de diversa índole. Vía: Economipedia.com

8 *DarkSide*: Grupo de Hackers pertenecientes originalmente y según la información disponible por fuentes abiertas a Europa del Este. Rusia, concretamente. El cual a inicios de 2020 se convirtió en el foco de atención tanto de medios como de los Servicios de Inteligencia de distintos países por la magnitud e impacto de sus ciberataques. Aunque posteriormente, se autoproclaman "Hackers Éticos" comunicando que la finalidad de sus actividades delictivas no sólo era el enriquecimiento, sino que estaban orientados hacia una labor social.

aclarar que no se estaba señalando directa ni indirectamente a Rusia, ni a su gobierno como los ejecutores del ataque.

Posteriormente, el FBI volvió a emitir un comunicado, donde manifestó que pese a que el ransomware introducido en los sistemas del *Colonial Pipeline* podría ser propiedad de *DarkSide*, no había pruebas contundentes de que la puesta en marcha del ciberataque fuera autoría del grupo de Hackers.

Aun así, EEUU ofreció una recompensa de hasta 10 millones de dólares para quien pudiese ofrecer información fiable y veraz sobre los *Hackers* de *DarkSide*.

Como habrá podido desprenderse de estas líneas, ante estos escenarios generados por sucesos de tal magnitud, es imperativo que la Geoeconomía, Ciberinteligencia y casi como un hermanamiento necesario, la Ciberseguridad, operen transversalmente.

Ya que, en entornos severamente críticos y que pueden suponer una brecha e incluso fractura irrecuperable para la economía y seguridad de un país, el poseer toda la información disponible, generar estrategias —a corto, medio y largo plazo— y dotarse de todos los medios posibles que permitan tener una capacidad anticipativa e incluso predictiva de escenarios posibles y probables —sin pasar por alto los cisnes negros[9]— serán los elementos que den soporte a una buena toma de decisiones. Necesaria y vital para que cualquier sistema estatal asegure su estabilidad. Con unos niveles bajos de incertidumbre y por tanto, continuidad en el tiempo dentro de unos márgenes que le permitan desarrollarse y velar por sus intereses.

No obstante, se considera relevante resaltar el hecho de que dichas disciplinas, pese a que nos hayamos encontrado realizando refe-

---

9 Cisnes negros: Teoría del cisne negro, del economista Nassim Nicholas Taleb. Relativa a aquellos hechos que suelen calificarse como atípicos, impredecibles, imposibles o casi improbables por su baja, nula o inexistente aparición en un marco temporal pasado. Pero que puede suceder abruptamente en el presente o futuro generando una crisis de gran magnitud. Aplicable no sólo al ámbito de la economía, sino también a otras áreas. Y sirve de base en la estrategia y prospectiva.

rencias a pérdidas económicas, como en el caso anterior, no sólo se enfocan en lo meramente material.

Es decir, su configuración y desarrollo abarca más ámbitos e igualmente fundamentales para la perdurabilidad de ese equilibrio y solidez requeridos por los estados.

Así como, del mismo modo, evitar el mayor número de daños colaterales que puedan llegar a darse.

Pues los ciberataques producen perjuicios en cadena. Y como si de un efecto dominó se tratase, en ocasiones al caer la última ficha, no siempre lo que caen son empresas o mercados sino también, vidas humanas.

Existen varios ejemplos al respecto, como el suceso acontecido en 2009.

Cuando la empresa británica *VAserv* perdió 100.000 páginas webs tras un ataque *hacker*. El grupo de cibercriminales, aprovechó una brecha en seguridad del software de la empresa. Accedió a sus ordenadores borrando todas las webs y copias de seguridad.

Tras lo sucedido, la empresa británica rescindió el contrato con el empresario que le suministraba el software *HyperVM* y que debía haber permitido tener el control de los equipos informáticos de la empresa, pero que por las vulnerabilidades que presentaba falló. Dicho empresario, llamado KT Ligesh, terminó suicidándose.

En cuanto al ámbito civil, la población día tras día se ve asediada por toda clase de ciberamenazas. Phishing[10] o su variante, smishing. Sin pasar por alto las *DeepFakes*[11], tratándose de los ataques más comunes: secuestro de datos privados de clientes, fraudes, estafas, robo de

---

10 *Phishing*: ciberataque generado por correo electrónico. En él el ciberdelincuente suplanta a alguna entidad legítima. La finalidad del ataque consiste en el robo de información, datos y cualquier elemento que pueda ser utilizado para su beneficio. Incluyendo el acceso a cuentas bancarias de la víctima, sus equipos informáticos, etc. Se encuentra presente dentro de este tipo de ciberataque el robo, chantaje, amenazas y/o extorsión.

11 *DeepFake*: Manipulación de archivos. Ya sea imágenes o vídeos. Creados con la intención de inducir a error y/o manipular a las personas con información falsa.

información confidencial empresarial, suplantación de identidades, daños millonarios sobre los equipos tecnológicos, extorsiones, etc.

Un amplio abanico de amenazas existentes, cada vez mejor configuradas, con más pericia en su diseño y mejor camufladas, que junto al empleo de la ingeniería social[12] han propiciado la creación de un escenario, en donde una decisión errónea o certera, será lo que marque la diferencia entre el éxito y estabilidad económica, de una declaración en quiebra.

Una de las mayores vulnerabilidades actualmente y pese al intento de concienciación por parte de los gobiernos e instituciones, continúa siendo el factor humano. De hecho, las mayores brechas de seguridad que permiten la entrada de los ciberdelincuentes o grupos organizados a las redes privadas de empresas públicas y privadas, son los empleados. Y es que, debido al grado de elaboración de los ciberataques, las víctimas usualmente son personas previamente seleccionadas. Bien, por lo que puedan poseer y que sea de interés para los atacantes, o como hemos mencionado anteriormente, se traten de la vía necesaria para acceder a la tan codiciada información y datos celosamente protegidos por las empresas.

El medio para acceder a dichos trabajadores, puede ser desde una inofensiva red social, hasta una app de compraventa de artículos de segunda mano. E incluso el simple hecho de conectar cualquier equipo informático o smartphone a una red de acceso público, puede abrir la puerta a la instalación de softwares maliciosos en los equipos si los mismos no se encuentran debidamente protegidos. No obstante, no debe interpretarse como que todo lo que alberga el ciberespacio son únicamente amenazas y escenarios hostiles. Ya que, sin lugar a dudas ha sido y continúa siendo una fuente inagotable

---

12 Ingeniería Social: tácticas basadas en la manipulación psicológica empleada por los ciberdelincuentes y/o grupo organizado, con la finalidad de lograr diversos objetivos: sustraer identidades, capital y/o cualquier información o dato que puedan utilizar para llevar a cabo su propósito. La principal vulnerabilidad a la que se acogen, es al desconocimiento sobre ciberseguridad de las víctimas, así como su confianza excesiva al carecer de sistemas de alerta cognitiva. Bloqueo del razonamiento lógico, extorsión y chantaje.

de oportunidades de mercado y expansión gracias a la carencia de barreras físicas, inmediatez y fácil acceso.

De hecho, en esta era digital, no sólo hemos visto el nacimiento de nuevos tipos de empresas enfocadas en satisfacer las demandas de una sociedad permanentemente conectada a la red, sino también la evolución y adaptación de los sectores más arraigados. Aunque no es menos cierto que dicha transformación ha sido más que voluntaria, necesaria. De lo contrario, probablemente, hubiera supuesto la más absoluta obsolescencia.

Claro caso de ello lo encontramos en un pasado no muy lejano. Y del cual, no todos los sectores económicos se han recuperado aún. Pues sus efectos y consecuencias pusieron de manifiesto que la estabilidad económica y las políticas establecidas hasta entonces por los estados, eran más frágiles de lo que a los grandes dirigentes les hubiera gustado reconocer.

Se hace alusión pues, a la pandemia de COVID-19. La cual pese a haber dado señales de su llegada a finales de 2019, por su aparición en un territorio concreto y tras haber sido comunicada por la Comisión Municipal de Salud y Sanidad de Wuhan (Provincia de Hubei, China) quienes inicialmente lo calificaron como brotes de casos de neumonía, para después notificar que se trataba de coronavirus. No fue hasta el 22 de enero de 2020, cuando el Director General de la OMS conformó un Comité de Emergencias[13] para determinar si los brotes mencionados por parte de las autoridades Chinas podrían llegar a ser emergencia de salud pública a nivel internacional. Desembocando, como bien conocemos, en una paralización mundial.

Declaraciones de Estados de Alarma, incertidumbre internacional. Pánico civil, desasosiego político y colapsos sanitarios que fueron seguidos del cierre de fronteras, congestión en bienes y servicios, junto con la caída en picado de la economía. La cual encontró en la Geoeconomía y la Ciberinteligencia, el equipamiento de rescate

---

13 Regulado en el art. 48. Cap II. WHA58.3 Revisión del Reglamento Sanitario Internacional. Resultante de la 58ª Asamblea Mundial de la Salud, celebrada del 16 al 25 de mayo de 2005 en Ginebra.

idóneo para salir del derrumbamiento al que el COVID-19 se encontraba sumiendo a toda la comunidad internacional.

El cómo se hizo, en concreto cómo la Unión Europea y los países miembros lograron afrontar dicho panorama mundial mediante el empleo dichas disciplinas, es en lo que nos centraremos a continuación. Pues implícitamente dará soporte para demostrar y evaluar el papel llevado a cabo por parte de la Ciberinteligencia en la Geoeconomía.

Permitiéndonos además, sentar la base para comprender las motivaciones de las estrategias que están empleando por parte de la UE para influir en la economía rusa. Todo ello debido al actual conflicto armado entre Rusia y Ucrania. Caso, al cual nos referiremos más detenidamente en el siguiente epígrafe.

Remitiéndonos a unas de las funciones que cumple la Geoeconomía, demostrando así su indispensable aplicación por parte de los estados. Consiste en nutrirse del contexto geopolítico existente en cada momento. Para así, mediante la formulación de análisis prospectivos, tener la capacidad de anticiparse a aquellos escenarios posibles y probables que se espera, sucedan o puedan llegar a materializarse aun no siendo nada deseables por parte de los Estados. Para ello, se sirve de una serie de indicadores previamente detectados y analizados, cuya aparición latente o manifiesta e incluyendo su inexistencia, determinarán la efectiva generación de dichos entornos[14].

De este modo, pueden generarse estrategias pertinentes —a corto, medio o largo plazo— que velen por los intereses económicos de los estados y los mantengan en alza en términos competitivos respecto de los demás países, crecientes en cuanto a capacidad económica, y preparados ante cualquier amenaza o intento de desestabilización. Ya sea provocada por cualquier agente interno o externo.

---

14 Lo expuesto referente a los indicadores, se trata de una mínima parte correspondiente al complejo y sensible proceso que supone un análisis de inteligencia. El cual se desarrolla en diversas etapas configuradas dentro del Ciclo de Inteligencia. No obstante, la breve alusión realizada sobre los mismos, se formula con la intencionalidad de acercar al lector al entendimiento del contexto tratado y motivación del uso de las estrategias en materia de Geoeconomía.

Lo que sucedió durante la pandemia es que, si bien, hasta la fecha el contexto geopolítico era cambiante y ya de por sí exigía a los gobiernos y empresas tanto nacionales como internacionales un alto nivel de actualización y examen constante debido a los avances tecnológicos, apertura de nuevos sectores de mercado y oscilaciones económicas constantes ocasionadas por múltiples factores influyentes.

Como son:

- Cambios en las políticas internacionales
- Celebraciones de acuerdos bilaterales y multilaterales de diversa índole —firmados por países miembros dentro del contexto de la Unión Europea o bien, con países no adheridos a la misma—.
- Territorios con conflictos bélicos en activo
- Zonas foco de ataques terroristas
- Inmigraciones
- Transición energética
- Inversiones en desarrollo y tecnología, entre otros elementos.

El ambiente europeo, geopolíticamente hablando, se tornó incierto. Pues si bien, no todos los países miembro —e incluso algunos no pertenecientes a la Unión— decretaron el Estado de Alarma[15]. El movimiento en común generalizado fue el cierre de fronteras internacionales, a excepción de Reino Unido.

Un cierre de fronteras de alcance no sólo terrestre, sino también marítimo y aéreo. Únicamente manteniendo los servicios mínimos estrictamente necesarios para que los sistemas económicos nacionales no terminasen de colapsar, al mismo tiempo que se hizo acopio de todos los recursos disponibles para el autoabastecimiento temporal. Acción que detuvo en gran medida las importaciones y exportacio-

15 Países cuyos gobiernos no declararon el Estado de Alarma: Alemania, Austria, Bélgica, Bielorrusia, Chipre, Croacia, Eslovenia, Grecia, Irlanda, Islandia, Montenegro, Noruega, Países bajos, Rusia, Suecia, Turquía.

nes comerciales. Aumento de los gastos en compra de material sanitario, levantamiento de hospitales de campaña e incluso adecuación de edificios públicos no preparados para recibir a afectados por la pandemia. Todo esto, en conjunción con las cuarentenas, confinamientos, los toques de queda, suspensión de servicios no esenciales, cambio educativo al desempeñarse virtualmente. Incorporado al movimiento forzado hacia los teletrabajos en aquellos sectores que permitían ese cambio para el desarrollo de sus funciones por parte de sus trabajadores.

Sin pasar por alto, que EE.UU y China, continuaban con su disputa por convertirse en el vencedor resultante de la guerra comercial que aún a día de hoy siguen librando.

No obstante, otros sectores vieron un incremento en sus números. Como fueron las farmacéuticas[16], las empresas energéticas[17] y las tecnológicas[18].

¿Cómo la Geoeconomía jugó un papel crucial ante un panorama tan caótico?

De acuerdo a los intereses de cada país, situación económica y financiera, teniendo presente las vulnerabilidades más notables. Así como aquellas características propias de cada nación, que pudieran transformarse en puntos clave para el mantenimiento y evolución de sus mercados e industrias.

---

16 Un ejemplo de ello es la compañía estadounidense *Pfizer*, la cual según sus datos públicos generó unos beneficios netos de 21,980 millones de dólares. Además de, unos ingresos en 2021 de 81,290 millones de dólares. Sin embargo, debido a la remisión del COVID-19 en 2023 sus números están experimentando una caída notable.

17 Debido a los confinamientos y cuarentenas. La población ocupaba sus hogares las 24h. Lo que se traduce en consumo del suministro eléctrico, así como de distintas energías constante.

18 Empresas como Apple, Microsoft, Amazon y Ubisoft, entre otras. despuntaron económicamente por el tipo de servicios ofertados, alta demanda y capacidad para hacer frente a la misma. Es decir, empleo de la Inteligencia Económica desarrollado por sus departamentos especializados para tales efectos.

La Geoeconomía dio acceso a los Estados para la creación de estrategias aplicando la Inteligencia Económica. Así como reinvención de sectores que pasaron a digitalizarse en gran medida, con la finalidad de mantener la continuidad en cuanto a prestación de servicios y generación de otros nuevos, ante los cuales se comenzó a detectar que serían necesarios para el éxito y salida a flote de los mercados.

## DIGITALIZACIÓN COMO ELEMENTO CLAVE

Si bien, inicialmente existió por parte de la población una cierta reticencia a la hora de emplear medios digitales para realizar sus actividades diarias. Como recoge el Boletín informativo del Instituto Nacional de Estadística, de España (INE). En su Boletín de junio de 2020 "El salto del comercio electrónico".

Dichas reservas encontraron su razón de ser principalmente en la falta de conocimientos respecto de la navegación en internet, uso de medios electrónicos y desconfianza en cuanto a la seguridad de los pagos online y privacidad.

Añadiendo el elemento de la cautela a la hora de recibir en sus domicilios pedidos realizados en páginas webs o aplicaciones destinadas a tal efecto.

Lo que puso de manifiesto el verdadero grado de ignorancia social en cuanto a conocimientos, educación y formación en el campo de la informática, ciberespacio, navegación segura, y las TICs[19] en general.

---

19 TICs: abreviación de Tecnologías de la Información y Comunicación. Definición: "*acuñada por Stevenson en su informe de 1997 al gobierno del Reino Unido y promovido por los nuevos documentos del Currículo Nacional para el Reino Unido en 2000. Además de los temas incluidos en Información Tecnología (TI), las TIC abarcan áreas como la telefonía, los medios de difusión y todos los tipos de procesamiento y transmisión de audio y video.*" Vía: Tecnologías de la Información y la Comunicación de FOLDOC (archive.org). **Nota de Interés:** se invita al lector que desee ampliar conocimientos sobre la materia, la lectura de la "*Guía de Seguridad de las TICs CCN-STIC 105*". Producida por el Centro Nacional de Inteligencia español (CNI). En su edición de abril de 2023.

Tal hecho, se transformó por parte de las instituciones, gobiernos, centros educativos y empresas en la necesidad de crear campañas de concienciación, generadoras de conocimientos en cuanto a ciberseguridad. Así como, dotar de medios a la población para que su relación con las nuevas tecnologías comenzase a afianzarse.

Llegados a este punto, puede que nos planteemos cómo lograron los gobiernos y las empresas cumplir sino del todo, en parte con ese objetivo. Ya que, si los consumidores principales quedaban inmóviles a causa de los factores anteriormente expuestos, de qué servirían en gran parte las estrategias económicas formuladas gracias a la Geoeconomía, para que los mercados y las economías emergieran o al menos, comenzasen a salir de tal atolladero. O lo que es lo mismo, los estados lograsen velar por sus intereses económicos, sino directamente a través de las empresas.

En este punto, es donde toma el protagonismo la Ciberinteligencia, pues su actuación fue fundamental.

Para ello, recordemos lo anteriormente expuesto. Pues hicimos alusión a que esta disciplina procedía de la Inteligencia. Es decir, se trata de una de sus ramas directas. Además, comentamos que originalmente era aplicada a la Inteligencia Militar.

Ahora bien, es menester explicar en qué consiste la Ciberinteligencia y por qué fue un elemento clave durante la pandemia.

Para más tarde plasmar, como a día de hoy es una de las áreas con mayor desarrollo y avance. Y de la cual se nutren las instituciones, gobiernos y multinacionales para configurar desde sus estrategias de mercado, hasta los sistemas de protección y contención de amenazas, tan vitales en pleno 2023.

Si bien el CNI en su glosario de términos[20] define a la Ciberinteligencia como:

> *"Actividades de inteligencia en soporte de la ciberseguridad. Se trazan ciberamenazas, se analizan las intenciones y oportunidades de los ciberadversarios con el fin de identificar, localizar y atribuir fuentes de ciberataques."*

---

20 Vid.: *Glosario (cni.es)*

Nosotros la conceptualizaremos como una disciplina compleja y que se ejecuta en varias fases. Con la finalidad de detectar, recopilar y filtrar datos e informaciones relativas al ciberespacio y las tecnologías.

Para seguidamente, mediante la realización de análisis:

- Reconocer
- Determinar
- Investigar
- Pronosticar

Todas aquellas actividades, técnicas y comportamientos desarrollados en el espacio cibernético. Para así, prestar soporte a la toma de decisiones.

Ya que, conociendo y detectando de manera temprana el entramado de ciberamenazas que alberga el ciberespacio, la Ciberinteligencia permite a los gobiernos, instituciones, administraciones públicas, PYMES, multinacionales —incluyendo a la población, pues colateralmente se ve beneficiada del mismo modo— generar planes de acción y estrategias ante los ciberataques, detectando igualmente vulnerabilidades propias y externas.

Así como, cualquier otro factor de riesgo que pueda suponer una alteración a su estabilidad y desarrollo. Es decir, hacer peligrar la economía.

Tanto en términos nacionales como internacionales.

En cuanto a cómo opera la Ciberinteligencia en el entorno económico y empresarial respecto de la obtención de datos, hemos de destacar que dicha detección y recopilación es realizada mediante distintas técnicas de obtención aplicadas a la Inteligencia.

Como la obtención de información en fuentes abiertas —medios de información públicos—. También conocido por sus siglas OSINT[21], las cuales provienen de su definición en inglés "*Open Sources Intelligence*".

---

[21] OSINT: *"Inteligencia de fuentes abiertas u «Open Source Intelligence» (OSINT) hace referencia al conocimiento recopilado a partir de fuentes de acceso público. El*

En este aspecto, es necesario resaltar que usualmente y debido al volumen de informaciones disponibles —aunque no todas fiables, veraces, pertinentes y necesarias— dicha técnica suele aplicarse dentro de la *Surface Web* o lo que es lo mismo, internet convencional.

Sin embargo, en ciertas ocasiones y motivado por la dificultad de obtenerlas o debido a que las mismas se encuentran censuradas[22], se hace necesario por parte de los profesionales de la Ciberinteligencia acceder a a la *Deep Web*[23].

Ahora bien, a qué nos referimos exactamente con "informaciones" en este contexto.

Nos apoyaremos en la definición realizada de la misma por la RAE en su quinta acepción:

> *"Comunicación o adquisición de conocimientos que permiten ampliar o precisar los que se poseen sobre una materia determinada".*

Habida cuenta de que la Ciberinteligencia se desarrolla con la finalidad de generar estrategias frente a los ciberataques y ciberamenazas existentes —así como los que puedan llegar a darse— la información sobre cómo se producen, en qué entornos pueden efectuarse.

---

*proceso incluye la búsqueda, selección y adquisición de la información, así como un posterior procesado y análisis de la misma con el fin de obtener conocimiento útil y aplicable en distintos ámbitos*". Vía: INCIBE.

22 Censuras o restricciones de las informaciones: Por el tipo de contenido o finalidad del mismo, no todos los países comparten las mismas normativas reguladoras sobre qué contenido puede y/o debe mostrarse públicamente en internet. Es por eso que se aplican restricciones a su acceso. Un claro ejemplo de ello lo encontramos en China y el blindaje de sus redes y plataformas digitales. Así como acceso de sus ciudadanos a webs no autorizadas por el Gobierno. De hecho, el gigante Google, incluyendo todos sus servicios se encuentran bloqueados en dicho país.

23 *Deep Web*: "*conjunto oculto de sitios de Internet a los que solo se puede acceder mediante un navegador web especializado. Se utiliza para mantener la actividad de Internet privada y en el anonimato, lo que puede ser útil tanto en aplicaciones legales como ilegales*". Vía: Kaspersky.

Así como, de qué tipo de mecanismos y vulnerabilidades se sirven para filtrarse en los sistemas, redes y plataformas[24], entre otros elementos. Es sumamente valiosa, a la par que imprescindible.

De este aspecto se encarga dentro de la Ciberinteligencia, la Inteligencia de amenazas. O también llamada *Threat Intelligence.*

Detecta y recopila toda la información anteriormente mencionada. Lo que sirve de sustento para crear monitoreos y del mismo modo, el planteamiento de análisis centrados en localizar vulnerabilidades, brechas y demás elementos que generen debilidades dentro de los sistemas de seguridad empresariales implantados por los distintos actores. Pues uno de los objetivos principales, es la mitigación de daños.

No obstante, y en pro de lograr un mayor alcance y capacidad en lo que a mitigación de daños se refiere, encontramos el *Hacking* Ético[25].

El mismo se centra en emular ciberataques en distintos grados y niveles dentro de los softwares. sistemas, redes y equipos informáticos —operando tanto a nivel empresarial como gubernamental. Nacional e internacionalmente— con la intención de localizar vulnerabilidades y puntos calientes. Implementando así, mejoras y actualizaciones a los sistemas de seguridad. Su carácter es de control, prevención y contención de daños. Sin dejar atrás los marcos de actuación posteriores a la perpetración efectiva de un ciberataque.

---

24 Tanto de administraciones públicas, instituciones, gobiernos, PYMES, multinacionales y organizaciones. En definitiva, redes, servidores y plataformas, sean nacionales o internacionales y que suministren servicios online y cuya caída por algún tipo de ciberataque pueda desestabilizar temporalmente por su inactividad y recuperación, al factor socioeconómico

25 *Hacking* Ético: Podemos encontrar el Hacking ético defensivo y el ofensivo. Blue Team y Red Team, respectivamente. Los profesionales de cada rama se encargan de la emulación de ciberataques y por otro lado, la protección de los sistemas y activos de las empresas. No obstante, el *Hacking* Ético, comprende otros muchos más aspectos. **Nota de interés**: para más información acceder a: El Hacking Ético Y Sus Beneficios El Mundo Empresarial | Empresas | INCIBE

Asimismo, y siendo característica propia de la Inteligencia, el hecho de tener una perspectiva amplia, profunda y lo suficientemente rigurosa para formular análisis y estrategias efectivas. La ciberinteligencia, por su parte y dentro del marco del ciberespacio, lleva a cabo análisis de los comportamientos y actitudes de los ciberdelincuentes y organizaciones de cibercriminales.

Logrando así comprender motivaciones, intereses y *modus operandi* a la hora de ejecutar los ciberataques.

Cubriendo también los hábitos, tendencias y conductas de las víctimas —abarcando también así a las potenciales—. Pues aunque los ciberataques se dirijan en su mayor medida a las empresas y sus sistemas de seguridad informáticos no siempre sean infalibles. Tal y como mencionamos en líneas anteriores, incluso en el ámbito empresarial el factor humano continúa siendo una de las mayores vulnerabilidades de las empresas.

Es decir, los trabajadores suelen ser las brechas de seguridad mediante la cual los ciberdelincuentes encuentran el salvoconducto idóneo para atacar y lograr sus fines.

Como se desprende de estas líneas, los análisis efectuados dentro del campo de la Ciberinteligencia son de suma importancia. De ahí, la necesidad de que engloben todos los aspectos relevantes del ciberespacio.

Pues podemos encontrar desde análisis de *ransomware* a análisis de tráficos de datos, entre otros.

## RECAPITULACIÓN

Una vez ilustrada la función y relevancia de la Ciberinteligencia, nos encontramos en las condiciones necesarias para comprender cómo le sirvió de soporte a la Geoeconomía en tiempos de pandemia.

Pues si dijimos que los estados, multinacionales y PYMES precisaron de digitalizar sino todos, parte de sus servicios más importantes —para posteriormente continuar con ese salto digital— para preservar sus intereses económicos, salvaguardar infraestructuras críticas e incluso proporcionar de las prestaciones mínimas necesarias a una población reticente al uso de las tecnologías por su desconocimiento y desconfianza.

A ésto, se le sumó un incremento ingente del número de ciberataques, así como apariciones de ciberamenazas. Pues los ciberdelincuentes aprovecharon la desviación de todos estos sectores al ciberespacio.

Sectores que si bien, incluso a nivel internacional, partían de unas estrategias previas en cuanto a desarrollo del mercado económico y ciberseguridad, no estaban en absoluto preparados para unos adversarios digitales de tales características y pericia.

Fue entonces en este contexto, donde la Ciberinteligencia se convirtió en la mejor aliada de la Geoeconomía.

Los análisis y estrategias sobre ciberataques, ciberamenazas, riesgos, vulnerabilidades. Así como, métodos de prevención, contención y mitigación de daños, asistieron a las estrategias económicas formuladas mediante el empleo de la Geoeconomía.

Y de este modo, las transacciones comerciales, ofertas de servicios online —prestados por los estados, PYMES y multinacionales— e incluso las plataformas institucionales y gubernamentales que no podían ni debían caer bajo ninguna circunstancia dejando sin acceso a los ciudadanos —pues los trámites mercantiles, jurídicos, administrativos y sanitarios se trasladaron al ámbito digital— se dotaron paulatinamente de la capacidad necesaria para mantener a la economía contenida durante el período más crítico. Desacelerando de este modo, lo que en unos inicios pudo observarse como una catástrofe económica inevitable, debido a ese escenario incierto.

Se torna más que necesario aclarar que, pese a que los estados encontrasen en la Ciberinteligencia y Geoeconomía vías óptimas para conformar prospectivas estratégicas y así, contener el golpe crítico a la economía europea en todos sus niveles. Aun así, el perjuicio fue notable.

De hecho, aún a día de hoy, el entorno económico, financiero y empresarial a pequeña y gran escala de la Unión Europea, se encuentra en fase de recuperación.

Factor al que se le adhiere el contexto geopolítico actual. En concreto, la Guerra Rusia-Ucrania.

Conflicto bélico que, debido a las consecuencias que actualmente continúa generando internacionalmente, actores intervinientes —tanto principales como secundarios. Comprendiendo igualmente los posicionamientos a favor o en contra, de uno u otro país beligerante. Incluídas la OTAN y la ONU —e implicaciones políticas, se convierte en un nuevo azote a la economía. El cual precisa una actuación internacional en conjunto para mitigar al máximo posible los daños a medio y corto plazo.

En cuanto a la situación global, el informe de UN DESA[26], titulado "*World Economic. Situation and prospects*" publicado el 9 de mayo de 2023.

Comunica que el panorama mundial en cuanto a situación económica, continuará bajo el halo de la incertidumbre tan característica de los últimos años. Debido a las dificultades que plantean los escenarios económicos actuales.

Nivel de deuda de los gobiernos, tasas de inflación, políticas monetarias, altibajos en los mercados financieros, inversiones y bancas, entre otros factores.

Todo ello, supondrá para los dirigentes políticos la necesidad de definir estrategias económicas que fijen el rumbo de sus economías.

No obstante, la ONU invita a la cooperación internacional. Pues la califica como la alternativa más viable y pacífica ante el dilema económico expuesto.

Por su parte, la Unión Europea, apoyándose en esa idea de cooperación y asistencia entre los países miembro —siendo la misma

---

26 UN DESA: acrónimo de *United Nations Department of Economic and Social Affairs.* En español: Departamento de Asuntos Económicos y Sociales de las Naciones Unidas.

uno de los pilares fundamentales de su constitución[27]— como parte de esa fase de recuperación económica. Y al mismo tiempo, siendo consciente de la necesidad de actuación ante el clima bélico actual, formuló diversas estrategias en distintos niveles. Incluyendo al ciberespacio dentro de sus áreas principales de trabajo y esfuerzo comunitario.

Ello se debe, como hemos mencionado anteriormente, a la importancia del mundo digital para la economía y los mercados en general.

Para tales efectos, la Unión, no sólo cuenta con la ENISA[28], también se ha dotado de marcos legales y propuestas legislativas —como la Directiva NIS[29] y su actualización de noviembre de 2022. La NIS 2.0 —con la finalidad de expandir tanto políticas, como normativas en común en materia de ciberseguridad.

Incluyendo estrategias específicas en la materia. Como son la "Estrategia de ciberseguridad de la UE" y "Estrategia de la UE para la unión de la Seguridad" ambas de 2020.

Con base en dichos programas estratégicos, posteriormente en septiembre de 2022, surgió una propuesta de Ley dentro del marco de la Unión.

Hablamos de la "Ley de Ciberresilencia" y sobre la cual volveremos en los siguientes epígrafes.

---

27 Cooperación dentro del marco de la Unión en cumplimiento de Tratados. Así como asistencia entre los países miembros. Incluyendo las Cooperaciones Reforzadas. Principio rector articulado y desarrollado a lo largo del TUE (Tratado de la Unión Europea) y TFUE (Tratado de Funcionamiento de la Unión Europea)

28 ENISA: acrónimo de "*European Union Agency for Cybersecurity*". En español: Agencia Europea para la Ciberseguridad. Creada en 2004, activa desde 2005. Con base en el Reglamento (CE) nº 460/2004 del Parlamento Europeo y del Consejo. Con sede principal en Heraclión (Grecia). El objetivo de ENISA, es prestar soporte sobre ciberseguridad tanto a la UE como a los países miembros. Extendiendo también conocimientos sobre buenas prácticas,asesoramientos técnicos y gestión de incidentes, entre otros.

29 Directiva NIS: las siglas NIS se corresponden a "*Network and Information Security*". Directiva promulgada en 2016. Con la finalidad de garantizar dentro del marco comunitario la seguridad de redes y sistemas.

Todo este proceso se considera imprescindible para que los objetivos marcados dentro del ámbito de la Ciberinteligencia por parte de los estados, puedan ser logrados con éxito.

De lo contrario, cualquier estrategia que pudiese generarse para dotar de soporte a la geoeconomía, contendría fugas imperdonables.

Observamos pues, los esfuerzos de la Unión por crear una concienciación comunitaria. Además, del protagonismo creciente de la Ciberinteligencia tanto dentro de ella como en el ámbito internacional.

De hecho, oscilando entre la concienciación y exigencia causada por el contexto geopolítico actual. Hallamos otro elemento donde la Ciberinteligencia se vuelve nuevamente en el elemento clave para que las estrategias prospectivas dadas por la Geoeconomía dentro del territorio europeo alcancen sus objetivos.

Se trata pues, de la transición energética.

Donde son múltiples los proyectos e inversiones actuales en los que la UE se encuentra inmersa buscando hacer efectivo ese salto a nuevas y menos contaminantes energías. Debido a lo acuciante de la situación.

Ahora bien, si nos cuestionamos qué rol desempeña la geoeconomía dentro de la transición energética europea y la importancia de éste, nos apoyaremos en la siguiente exposición para darle respuesta:

Conociendo ya que, la Geoeconomía se sirve del contexto Geopolítico y económico para evaluar oportunidades y riesgos en el mercado —ya sea a nivel empresarial o estatal— dentro del contexto energético, esta disciplina detecta aquellas fuentes más sostenibles y que permitan del mismo modo, ir abandonando las energías convencionales y más nocivas.

Hecho que beneficia a gobiernos, empresas y multinacionales. No obstante, genera un entorno competitivo y que precisa del establecimiento de relaciones comerciales entre multinacionales. Así como acuerdos —bilaterales o multilaterales— entre países.

Y en este sentido, nuevamente la Geoeconomía, mediante los pertinentes análisis da soporte a aquellas decisiones que deban tomarse en dichos términos. Con la finalidad de anticiparse tanto a los competidores del sector como a los riesgos que la industria de las energías limpias pueda suponer al tratarse de un escenario en pleno apogeo y cambiante.

Siendo de añadidura la cooperación internacional. Pues ese apogeo al que hemos hecho alusión en la línea anterior, se transmuta en la necesidad de crear infraestructuras entre países, generar acuerdos para su financiación, inversión, desarrollo, suministro, transporte, etc.

Todos los elementos necesarios para crear una interconexión real y efectiva, que asegure que todos los países de la Unión contarán con una serie de garantías preestablecidas y tendentes hacia esa transición energética.

Cambio que no puede, ni debe esperar más.

Pues lo imperioso de lograr la transformación hacia unas energías limpias, no reside sólo en el hecho del manifiesto cambio climático. El cual y según informes aportados por la ONU[30] realizado por expertos en la materia contienen unos datos alarmantes.

Por el nivel de calentamiento global, contaminación y continuación en la realización de prácticas ya declaradas ilegales en muchos países, como es la fracturación hidráulica[31], también conocido bajo el término de "*Fracking*", entre otras.

El listado de requerimientos que sustentan esa necesidad es mucho más amplio.

Pues otra de las finalidades es lograr una mejor y mayor calidad de vida para los ciudadanos europeos.

---

30 Acceso al informe realizado por el Grupo Intergubernamental de Expertos sobre el Cambio Climático. Publicado en la página web de las Naciones Unidas. Con fecha de 20 de marzo de 2023. Con título "*IPCC: Cambio climático: informe de Síntesis*": Informes | Naciones Unidas.

31 Fracturación Hidráulica: "*técnica no convencional para extraer combustibles fósiles. Aunque es rentable, puede tener efectos nocivos en las personas y el entorno*". Vía: El Orden Mundial.

Incluyendo el hecho de disminuir al mínimo posible la pobreza energética y atacando de raíz a los elementos económicos que contribuyen al aumento de consumidores vulnerables.

Igualmente, una transición energética supone una oportunidad en innovación y mercado tecnológico.

Papel donde la Ciberinteligencia, dota de más valor, precisión y funcionalidad a las estrategias geoeconómicas formuladas al respecto.

Ya que, un entramado tecnológico de tal calibre, precisa de redes, sistemas operativos y de comunicaciones, softwares, infraestructuras e informaciones que se encuentren blindadas ante cualquier intento de ciberataque o intención maliciosa.

Pues si hablamos en términos probabilísticos, que los ciberdelincuentes y organizaciones de cibercriminales supongan una amenaza real en dicho contexto, es un escenario esperable al 100%.

Del mismo modo, que al ser un sector con un alto nivel competitivo y por ende, con adversarios empresariales —físicos y digitales— y estatales de gran nivel, resultan indispensables estrategias basadas en la Inteligencia Económica aplicada a la Ciberinteligencia.

Así pues, de lograr ejecutar con éxito los proyectos[32] y compromisos[33] contraídos por la UE y sus países miembro, supondría posicionarse como líder en el mercado global de las energías limpias.

---

32 Algunos de los proyectos actuales de la UE para hacer efectiva la transición energética y situarse a la cabeza de las energías limpias mientras simultáneamente cumple con los objetivos marcados: *Proyecto SOLARIS* el cual basa su creación en crear un sistema que permita captar la energía solar espacial mediante el uso de satélites para ser devuelta a la tierra y así ser utilizada industrial y residencialmente. *Banco Europeo de Hidrógeno*: iniciativa de la Comisión Europea para garantizar la adquisición del mismo e igualmente obtener inversión suficiente para cumplir con los objetivos del plan *REPower / REPowerEU*. Existen varios más, como: el *Pacto Verde Europeo* o *Plan fit for 55*. Para más información se recomienda leer: "*Objetivo 55. El plan de la UE para la transición ecológica – Consilium (europa.eu)*".

33 Compromisos internacionales: El Acuerdo de París y los Objetivos de Desarrollo Sostenible de las Naciones Unidas.

Comprendiendo al mismo tiempo que, tales conquistas económicas implicarían en sí mismas que la Unión Europea, pudo fehacientemente deshacerse por completo de su dependencia del gas Ruso. Otro de sus objetivos centrales en la actualidad.

Puesto en marcha por la Comisión Europea con el plan denominado *REPowerEU* o también denominado por los medios de comunicación como simplemente *REPower*.

Si bien, su propuesta se realizó en mayo de 2022, modificando al mismo tiempo el *Reglamento (UE) 2021/241 del Parlamento Europeo y del Consejo de 12 de febrero de 2021 por el que se establece el Mecanismo de Recuperación y Resiliencia*. No fue hasta febrero de 2023 cuando entró en vigor. Ello debido a que precisó modificaciones legislativas.

Y es que, el paquete REPowerEU lo que pretende es:

> *"aumentar la resiliencia, la seguridad y la sostenibilidad del sistema energético de la UE mediante la necesaria reducción de la dependencia de los combustibles fósiles y la diversificación del suministro de energía a escala de la UE, en particular aumentando el uso de las energías renovables, la eficiencia energética y la capacidad de almacenamiento de energía[34]"*

Siendo el eje central de dicho proyecto, dar punto y final a la dependencia europea de los carburantes rusos. Mientras se prepara para una efectiva transición energética.

De hecho, este plan contempla alcanzar en 2023 una reducción del 55% de las emisiones de gases de efecto invernadero. Incluyendo una visión optimista, que espera que en 2050 el cambio climático haya desacelerado su ritmo.

## *Puntos clave: Ciberinteligencia en Geoeconomía*

Una vez entrados en materia y habiéndonos apoyado en diversos casos pasados y presentes, con la finalidad de ilustrar cuál es la finali-

---

34 Definición Vía: Plan de Recuperación de la UE: el Consejo adopta el plan REPowerEU – Consilium (europa.eu)

dad de la Ciberinteligencia y por qué es una disciplina indispensable para la Geoeconomía.

Para finalizar el presente epígrafe, destacaremos los siguientes puntos clave:

- **Protección**:

  La Ciberinteligencia presta soporte para una salvaguarda efectiva de todos aquellos datos, informaciones, activos, recursos e infraestructuras que son susceptibles de ciberataques y configuran la base económica tanto de países como empresas. Elementos sin los cuales, sus intereses económicos se verían más que dañados.

- **Detección:**

  Gracias a monitorear y crear sistemas de alertas temprana. Esta disciplina no sólo intercepta datos que indiquen los cambios económicos, las tendencias y fluctuaciones. Sino también, detecta indicios de posibles ciberataques, apariciones de ciberamenazas dentro del marco competitivo empresarial y estatal. Incluyendo aquellos dentro del ecosistema propio de la empresa o Estado por sus posibles vulnerabilidades y riesgos no detectados.

- **Posicionamiento**:

  Mediante las diversas técnicas de obtención de información, la Ciberinteligencia permite del mismo modo detectar e interceptar informaciones de los competidores. Hecho que dota del margen necesario tanto a gobiernos como PYMES y multinacionales para generar estrategias de mercado y así encabezar los sectores que sean de su competencia.

- **Prospectiva**:

  Al generar diversos escenarios, beneficiosos o perjudiciales. La Ciberinteligencia genera estrategias anticipativas. Lo que permite formular planes de actuación con un gran margen de antelación. Y de esa forma, la estabilidad de estados y multinacionales es menos susceptible a una alteración inesperada. Lo que se traduce en que, su capacidad económica y financiera se verá menos afectada o al menos, su margen de reacción le permitirá activar los protocolos necesarios para que las pérdidas sean las mínimas.

Sin olvidar, que de igual modo, detectará oportunidades de mercado y avances en el sector económico basados en sus indicadores, abriéndoles paso hacia un crecimiento de capital y expansión territorial.

Con todo esto, habrá que mantenerse de ojo avizor.

Pues estas disciplinas deberán estar a la altura de los cambios de este mundo interconectado y cada vez más digitalizado. Con más competencia, más factores críticos y siendo la economía internacional un campo de batalla.

¿Cómo lo harán?

Lo iremos observando.

> *"Lo que es de suprema importancia en la batalla es atacar la estrategia del enemigo"*
>
> El Arte de la Guerra.
>
> Sun tzu

## *Capítulo 3*

# *El caso Rusia-Ucrania: Contrainteligencia Selectiva vs. Desinformación masiva*[35]

Siendo la guerra en activo que mantiene en el presente a todo el ambiente internacional en vilo, pese a no tratarse del único conflicto bélico en activo. La Guerra Rusia-Ucrania, no sólo se está tratando de un azote para la estabilidad política y económica de todos los países. Sino que además, se está tratando de un claro y manifiesto ejemplo, del impacto que el ciberespacio genera en todas las esferas y estratos internacionales.

Medios de comunicación online, blogs, foros, redes sociales, portales oficiales de gobiernos, organizaciones internacionales, etc. Todos ellos se ven plagados de noticias, post, publicaciones… en resumen, informaciones. Versando sobre la misma temática “Rusia-Ucrania”.

Y si bien, es comprensible, debido a la magnitud, alcance y consecuencias que la misma se encuentra trayendo consigo al panorama mundial. Se trata de un arma de doble filo, ya que, no todas las informaciones vertidas en la red son veraces ni fiables.

No obstante, se hace necesario plantear unos breves antecedentes, junto a la exposición de la postura de ambos países en conflicto. Lo que servirá para comprender los comportamientos y soportes prestados por la comunidad internacional. Sin olvidar a la Unión Europea, OTAN y ONU.

Solo así, nos encontraremos en la oportuna disposición de exponer el escenario de desinformación masiva generado. Añadiendo el despliegue de medios puesto en marcha por la contrainteligencia.

---

35 Complementariamente, Sánchez-Bayón, 2023.

## ANTECEDENTES

Sin lograr vislumbrar con certeza cuándo cesará la Guerra entre Rusia y Ucrania, lo que si discernimos a día de hoy es dónde comenzó a gestarse el germen del conflicto o al menos, las primeras tensiones.

Para ello, es imprescindible dar un repaso a la historia de ambos países, aunque sea de una forma sucinta.

Realizando la primera parada en la Biblioteca Nacional de San Petersburgo. Donde encontramos el manuscrito "*Primera Crónica Eslava*" o también llamado "*Crónicas de Néstor*". Cuya autoría se le atribuye a Néstor. Un monje ubicado en el monasterio de las Grutas de Feodosiy, según su traducción. En el año 1113.

En dicho manuscrito se hace referencia constante a la Rus de Kiev[36]. El primer estado eslavo ortodoxo del Este de Europa y a partir del cual, surgieron Rusia y Ucrania. Así como a Kiev[37], su capital en ese momento y citado como centro religioso y cultural asociado a Rusia.

Elemento traído a la palestra en la actualidad. Puesto que, ambos países esgrimen distintos argumentos con la pretensión de reivindicar su historia. Ello debido a intereses culturales y nacionales.

Dando un salto temporal y habiéndose dividido los territorios tras la caída de la Rus de Kiev. Fue cuando Ucrania se unió a Rusia, mediante el *Tratado de Pereyáslav de 1654*[38].

---

36 La Rus de Kiev: " (862-1242) era una federación política medieval situada en lo que hoy es Bielorrusia, Ucrania y parte de Rusia (nombrada así por los rus, un pueblo escandinavo). El apelativo Rus de Kiev es una designación moderna (siglo XIX) que mantiene el significado de «tierra de los rus», según se conocía la región en la Edad Media" Vía: La Rus de Kiev - Enciclopedia de la Historia del Mundo (worldhistory.org)

37 Capital de Ucrania.

38 Tratado de Pereyáslav: también conocido como "*Acuerdo de Pereyáslav de 1654*", "*la Rada de Pereyásla*" o "*Tratado de Pereiaslav*".

El motivo de tal unión consistió en la escasez de ayudas europeas que *Bogdán Jmelnitski*[39] —líder en aquel entonces de Ucrania— pudo obtener. Lo que, teniendo en cuenta las pocas alternativas disponibles ante la circunstancia creada durante la guerra Cosaco-Polaca, le llevó a firmar dicho acuerdo con el Zar Alejo I de Rusia. También conocido como *Aleksei Mijaílovich.*

Donde Ucrania reconocía la autoridad de Rusia a cambio de conservar su independencia en un sentido amplio —que no total— formando parte del territorio.

En el siguiente salto, nos situamos en 1922. Dentro del contexto de la Unión Soviética, siendo las fundadoras Rusia y Ucrania, junto con Transcaucasia y Bielorrusia.

Unión que tuvo lugar hasta 1991, cuando tras el fallido Golpe de Estado al gobierno de *Mijaíl Gorbachov* —también conocido como el "Golpe de Agosto"— finalmente la Unión Soviética quedó disuelta.

Durante ese período de tiempo, Ucrania vió un notable crecimiento y cambio multicultural en su territorio, debido a las relaciones e influencia de Rusia.

No obstante, no fue lo único que Ucrania experimentó. Ya que dentro de la Unión Soviética, durante 1932 se vivió una hambruna, que duraría un año. Y acabó con la vida de casi cinco millones de personas. Ello debido a las políticas impuestas por Stalin y que obligaron a los campesinos a entregar sus tierras. Además de, saquear propiedades y retirar todo aquello que pudiera servir de alimento.

Dicho episodio que recibe el nombre de "Holodomor", cuyo significado en español es "hambruna" o "muerte por hambre", en diciembre de 2022 fue reconocido por el Parlamento Europeo como

---

39 Bogdán Jmelnitski: *"También llamado Bohdan Khmelnitski o Khmelnytsky; Subotiv, 1593 - Chihirin, 1657. Atamán de los cosacos y jefe de la sublevación ucraniana contra Polonia (1648). Responsable de defender los intereses de los cosacos, llevó a Ucrania a una sublevación general"*. Vía: Biografía de Bogdán Jmelnitski (biografiasyvidas.com)

un acto de genocidio y añade que "*fue un acto deliberado por parte de la Rusia soviética*"[40].

Otro dato reseñable, fue la ocupación Nazi que tuvo lugar sobre el territorio en el período de 1941 a 1944. Ocupación que contó con tratados y pactos entre la Alemania Nazi y la URSS. Entre ellos, el pacto secreto de repartición de los países de Europa del Este entre Hitler y Stalin. Y la ocupación de los países bálticos por parte de la URSS[41].

Diez años después y con motivo de la conmemoración de los 300 años transcurridos desde que Ucrania se anexionó a Rusia, *Nikita Khrushchev.* Quien era en ese momento primer secretario del Partido Comunista de la Unión Soviética y quien previamente a la invasión nazi, fue dirigente de Ucrania. En 1954 le cedió la península de Crimea.

Tratándose de un cambio administrativo interno, pasando de Rusia a Ucrania. Conocido como el "Óblast de Crimea".

Volviendo a la fecha próxima de la disolución de la Unión Soviética, la cual fue pedida años antes mediante diversas manifestaciones ciudadanas. Y siendo la más representativa de ellas la "Cadena Báltica". Pues se convirtió en símbolo de revolución pacífica, al formarse una cadena humana de un millón de personas atravesando Lituania, Letonia y Estonia en 1989.

Ucrania vivió un movimiento similar en enero de 1990.

Al reunirse miles de ucranianos formando una cadena humana a modo de manifestación pacífica.

La cual recordando la unificación de las dos repúblicas en las que se encontraba dividida Ucrania[42] en 1919, pedía la independencia de Kiev y Lviv.

---

40 Vid.: Holodomor: PE reconoce la hambruna en Ucrania a manos soviéticas como genocidio | Noticias | Parlamento Europeo (europa.eu)

41 Vid.: " *EL PUNTO DE VISTA SOVIÉTICO SOBRE EL PACTO MÓLOTOV-RIBBENTROP* " De María Sánchez de las Matas Martín. De 2017. Dialnet La Rioja.

42 República Popular de Ucrania y República Nacional de Ucrania.

Este hecho sumado a diversas circunstancias que se fueron desencadenando dentro de su contexto no sólo social, sino también político, logró alimentar y servir de impulso a las fuerzas de una Ucrania que llevaba mucho tiempo anhelando ser por y para ella. Independiente y libre. Para así poder desarrollarse plenamente.

No obstante, no fue tarea fácil debido a lo convulso del momento e intentos de contención y represión a toda costa.

Finalmente, en agosto de 1991 se firmó el Acta de Proclamación de Independencia de Ucrania.

Y en diciembre, tras la celebración de un referéndum con más del 90% de los votos a favor de la independencia, el Acta fue apoyada y aprobada. Siendo Ucrania reconocida como estado independiente internacionalmente en poco tiempo.

Por su parte, Rusia, tras la disolución de la Unión Soviética, fue reconocida como su predecesora por varios motivos. Entre ellos el económico y su nivel territorial.

No obstante, nos remontaremos años atrás. De esa manera, conoceremos unas leves pinceladas de su historia.

Volviendo a la "Rus de Kiev". Ésta quedó dividida en distintos principados en el x. XII. Aunque dichos territorios al ser compartidos por familias no contaban con dirigentes únicos como tal.

Más tarde se sucedió lo que se conoce como la "invasión tártara" durante el s. XIII. Quedando así subyugados al dominio mongol.

Poco a poco, el Principado de Moscú fue ganando terreno y fue de la mano de *Iván IV Vasílievich* —también recordado históricamente por su crueldad como Iván "El Terrible"— en el s.XVI cuando se le puso fin a la invasión.

Hecho a destacar es que, *Iván Vasílievich,* fue un monarca que se acogió al título de Zar[43].

---

43 Zar: "*Título de los emperadores rusos. Etimológicamente proviene del latín "Caesar" (César), es decir, dignidad imperial. La palabra ha derivado en otros idiomas a distintos vocablos, como "Kaiser" (en alemán). El femenino es zarina, aplicable tanto a*

Pues si bien, Rusia pasó por siete dinastías distintas. La primera de ellas. la "dinastía Ruríkida" no continuó con su legado al carecer de herederos. De ahí, que la atribución de Iván el Terrible al título de zar, supusiera una vuelta a la continuación de las dinastías zaristas.

Años después tras finalizar su reinado en 1584, concretamente a partir del 1598 comenzaron a darse vacíos de poder.

Como consecuencia, comenzaron a darse intentos para tomar dicha autoridad.

De hecho, la nobleza terrateniente de alto rango de aquel momento —conocida como "boyardos"— permitió la entrada de la Mancomunidad Polaco-Lituana al *Kremlin*, pues tenían la esperanza de ser respaldados por ellos y así, obtener más control y por ende, velar por sus intereses desde una posición más favorecedora.

Es menester tener presente unas consideraciones sobre el Kremlin.

Pues si bien, a día de hoy es la sede de la Presidencia de la Federación Rusa —desde 1992— inicialmente se trató de la residencia de los zares, ya que para tales fines fue construida en el siglo XII. Tanto es así, que la traducción del término "*Kremlin*" significa "ciudad fortificada" o "recinto amurallado".

Posteriormente a la Revolución Bolchevique —llamada igualmente Revolución de Octubre— de 1917, el *Kremlin* se convirtió en el centro gravitacional del poder.

Además, en 1990 la UNESCO la designó como Patrimonio de la Humanidad[44].

Volviendo a la ocupación del *Kremlin* anteriormente mencionada, finalmente la Mancomunidad Polaco-Lituana fue expulsada en 1612. Dando comienzo la dinastía de los *Romanov.*

En 1721 se fundó el Imperio Ruso por parte del Zar Pedro I "El Grande". Al mismo tiempo que trasladó la capital a San Petersburgo.

---

*las esposas de los zares como a las propias emperatrices rusas"* Vía: Zar (claseshistoria.com)

44 Vid.: Centro del Patrimonio Mundial - (unesco.org)00

Más tarde, estando Catalina II "La Grande" al mando y con motivo de la guerra ruso-sueca, iniciada en 1788. Logró para Rusia el acceso al Mar Báltico y de ahí la entrada a los países de la zona europea.

19 años transcurrieron hasta que en 1807, Alejando I de Rusia, firmó con el Primer Imperio Francés de Napoleón los Tratados de Tilsit[45].

Sin embargo, en junio de 1812 y como consecuencia del abandono de los Tratados por parte de Alejandro I, Napoleón invadió Rusia. Dejando un camino de fuego a su paso incendiando Moscú.

Finalmente, en diciembre de ese mismo año y tras haber librado diferentes batallas Napoleón ordenó la retirada, consagrándose Rusia como la parte victoriosa del conflicto.

Pese a lo breve relatado sobre este episodio histórico, el mismo es considerado como uno de los sucesos con más relevancia.

En primer lugar, porque significó una derrota sin precedentes para Napoleón.

Y además, demostró la capacidad táctica y estratégica del ejército ruso.

En el año 1827, se desarrolló la guerra entre el Imperio Ruso contra el Imperio Persa. Que dio fin, con la conquista rusa del Cáucaso.

No obstante, no todo serían victorias. Pues frente a la guerra con Japón y surgida a raíz de distintas rivalidades, fue Rusia quien resultó vencida en 1905. Y cuyo resultado fue el Tratado de Portsmouth[46].

Aunque no fue el único hecho relevante que sucedió durante el transcurso de ese año. Pues también tuvo lugar la Revolución Rusa.

Ya que, la población no estaba conforme con el zar Nicolás II. Y en términos generales pedía un cambio, estabilidad y unas condiciones dignas y mínimas de subsistencia.

---

45 También participó de los acuerdos, Prusia. Dichos tratados firmados en Tilsit daban fin a la Cuarta Coalición (alianza creada entre Rusia, Prusia, Sajonia, Suecia e Inglaterra contra Napoleón).

46 Tratado que fue el germen de posteriores relaciones entre ambos imperios.

Ello derivó en el establecimiento de la Duma[47] por parte de Nicolás II.

Durante los siguientes episodios históricos, como por ejemplo la Primera Guerra Mundial, Rusia destacó pese a no encontrarse aún del todo recuperada tras la derrota frente a Japón.

Prestando apoyo a Francia y Reino Unido, combatiendo el Frente Oriental y organizando significativas ofensivas[48], aunque no con el resultado esperado. Debido al nivel de las derrotas que padecieron[49].

El ambiente bélico, las malas condiciones sociales y la inestabilidad, sumado al descontento que la población arrastraba desde hace años ocasionado por la manera de gobernar de Nicolás II, terminó derivando en la Revolución rusa de 1917. De la cual resultó el establecimiento de un gobierno provisional liderado por *Aleksandr Kerenski*[50] en el mes de febrero, tras la abdicación de Nicolás II.

Gobierno que únicamente estuvo vigente hasta el mes de octubre de ese mismo año. Pues tras la Revolución de Octubre, liderada por Lenin, los bolcheviques se hicieron con el poder en Rusia. Estableciendo así el poder soviético.

Uno de sus primeros movimientos fue la retirada de la Primera Guerra Mundial.

Crearon programas industriales y confiscaron tierras. Al mismo tiempo que pretendiendo centralizar el poder, suprimieron partidos políticos[51].

---

47 Duma: asamblea legislativa rusa. La cual en sus inicios no dio los frutos esperados, pues Nicolás II se mostraba reticente al considerar que perdería su autoridad.

48 "Ofensiva de Lagos Masurianos" en 1915 y la "Ofensiva Brusilov" en 1916.

49 Derrotas: Batalla de Tannenberg, al comienzo de la Primera Guerra Mundial. Y la Batalla de Galitzia, desarrollada en el Frente Oriental.

50 Aleksandr Kerenski: "*Dirigente destacado del socialismo moderado, tras la caída de la monarquía zarista fue ministro de justicia y de guerra del gobierno provisional dirigido por el príncipe Lvov*" Vía: Biografía de Alexander Kerensky (biografiasyvidas.com)

51 Para asegurarse de la ausencia de insurgencias, se creó la "Cheka" en 1917. La primera organización de seguridad y policía secreta de Rusia. Con amplia autoridad para atacar e ir en contra de cualquier levantamiento contra

Y no sólo eso, pues también comenzaron a perseguir a toda aquella persona que se considerase contraria al régimen.

La unión de todos estos factores provocó la Guerra Civil Rusa. La cual contó con la intervención de países aliados[52]. Provocando la muerte de más de siete millones de personas.

Su duración se alargó hasta 1922 con la subsiguiente formación de la Unión Soviética tras la victoria de los bolcheviques.

En 1980, *Gorbachov,* con voluntad de reformar el sistema político de la Unión Soviética, así como su economía, introdujo lo que se conoce como la "*Perestroika*".

Sin embargo, fue el comienzo del fin de la URSS.

Motivado por las oposiciones, divergencia entre criterios políticos, disconformidad ciudadana e incluso el intento de Golpe de Estado fallido al que hicimos alusión anteriormente.

En 1991, al quedar oficialmente disuelta la Unión Soviética, Rusia se convirtió en la Federación Rusa al obtener su independencia. Nombrando a *Boris Yeltsin* como su primer presidente.

Tras ésto, Rusia pasó por una transición económica. Atravesó graves problemas económicos y sociales.

En 1994 se produjo el primer conflicto con Chechenia, hasta 1996. Pues Rusia quiso evitar su separación.

Sin embargo, Chechenia alegaba su represión histórica, el intento de conservación de sus recursos naturales —pues es una gran exportadora de petróleo— así como, la necesidad de obtener su propia identidad, entre otros motivos.

Durante esta primera etapa del conflicto, los chechenos lograron soportar los ataques rusos.

---

el régimen comunista llegaron a ejecutar a civiles considerados como enemigos del régimen. Violando constantemente los derechos humanos. La Cheka sirvió de modelo para la KGB de la Unión Soviética.

52 Países aliados que intervinieron: Reino Unido, Francia, Japón y Estados Unidos. Aunque también se contó con la intervención puntual de otros países, la cual fue cambiante según sus intereses.

No obstante, en la segunda etapa del conflicto —el cual, aunque no estuviera activo previamente, sí que se encontraba latente— comprendida entre 1999 y 2009 con *Vladimir Putin* ya a la cabeza de Rusia —quien fue nombrado primer ministro en 1999 y presidente en el año 2000— los ataques rusos fueron más brutales.

Lo que significó que los chechenos no tuvieran margen de reacción, ni capacidad de respuesta efectiva.

## ACTUALIDAD

Realizado un breve repaso por la historia de Rusia y Ucrania, nos ocuparemos a continuación de exponer las motivaciones que han desembocado en la actual guerra.

Pues como veremos a lo largo del presente punto, las disputas del pasado entre ambos países se manifiestan en el presente de forma reiterada.

Lo que hace cuestionarse si en un futuro próximo, será posible o no, la superación de este aspecto. O de lo contrario, nos podremos encontrar ante un escenario donde, a pesar de que se depongan las armas y se llegase a algún tipo de acuerdo con intermediación internacional, la tensión fuera tal que continuase manteniendo en vilo a todos los estados.

## EUROMAIDÁN

Diez años atrás, es decir, en el 2013 y con duración hasta el 2014, Ucrania vivió la Revolución del Euromaidán[53].

---

53 Euromaidán: "*La palabra Euromaidán, que hace referencia tanto a la plaza donde se están congregando los ucranianos partidarios de la integración en la Unión Europea como al propio movimiento opositor al Gobierno, se escribe con tilde y sin resaltes tipográficos.*" Vía: «Euromaidán», con tilde y en redonda | Fundéu RAE (fundeu.es)

Se trató de una serie de protestas masivas, donde la población ucraniana mostró su disconformidad respecto de la decisión tomada por su presidente en aquel momento *Viktor Yanukovich*. Quien desechó la posibilidad de adherir Ucrania a la Unión Europea.

Además, la ciudadanía que protagonizó concentraciones, se encontraba hastiada de la corrupción política.

Tal fue su magnitud, que terminó con el enfrentamiento directo entre civiles y las fuerzas de seguridad. Lo que ocasionó numerosas muertes de ambos bandos.

Ante tales sucesos, el presidente tras ser destituido por el Parlamento Ucraniano[54] con 328 votos a favor, huyó del país con destino a Rusia.

A tenor de este suceso, se instauró un gobierno provisional. Del cual se hizo cargo *Oleksandr Turchínov* como presidente interino. Además de, *Arseni Yatseniuk*, como primer ministro de Ucrania. Quien unos meses después, debido a las presiones políticas dimitió.

Fue en este período de gobierno provisional, cuando en marzo de 2014 se firmó el Acuerdo de Asociación entre Ucrania y la Unión Europea[55].

Finalmente, tras la celebración de elecciones. Se convirtió en presidente de Ucrania *Petro Poroshenko,* en el mes de junio de 2014.

## OBJETIVO: CRIMEA

Por su parte, Rusia, en el 2014 y tras la destitución de *Viktor Yanukovich* de la presidencia de Ucrania, se anexionó Crimea.

Para justificar dicho acto, su presidente *Vladimir Putin,* alegó principalmente la vinculación histórica de Rusia a dicho territorio.

---

54 El parlamento ucraniano recibe el nombre de "La Rada" o "La Rada Suprema".

55 Vid.: Acuerdo de Asociación entre Ucrania y La Unión Europea: *EUR-Lex - 22014A0529(01) - EN - EUR-Lex (europa.eu)*

Además, la necesidad de proteger los derechos de los civiles rusos ubicados en esa área. Debido a la variedad étnica de Crimea.

Concluyendo que, se trata de un punto clave estratégico[56] para la seguridad del País. Sin pasar por alto, su importancia en cuanto a recursos naturales.

Sin embargo, sabemos que Crimea fue entregada a Ucrania en 1954[57]. Es por ello —además de, por los actos que perpetró el ejército ruso a las órdenes de *Putin* en el territorio, sumado a las consecuencias de los mismos— que la comunidad internacional no tardó en manifestar su descontento.

Pues se consideró como una usurpación de la soberanía de Ucrania y una violación de los derechos humanos.

Lo que activó el sistema de sanciones internacionales. Y tanto la Unión Europea como el resto de países impusieron medidas de diversa índole a Rusia[58].

Sanciones económicas, congelación de activos, embargo de armamento. E incluso en el sector energético, banca y restricciones de viajes, entre otros.

## DONBÁS

Continuando con el rescate de conflictos provenientes del pasado, es el turno de Donbás.

Región ubicada en territorio ucraniano, marcando frontera con Rusia, Donbás es un actual foco del conflicto.

---

56 En Sebastopol, ubicada en la península de Crimea, Rusia cuenta con una base de la marina rusa. Además, se trata de la base principal de la Flota del Mar Negro. Subunidad estratégica de la Armada Rusa.

57 Vid. pág 23.

58 Vid.: 1. Riesgos del Entorno Macrofinanciero. Pág 60. Informe de Estabilidad Financiera, Primavera 22.Banco de España, acerca de las sanciones impuestas a Rusia.

Trayéndose a la palestra nuevamente vínculos históricos y étnicos que se remontan a la Rus De Kiev —sobre la cual hablamos anteriormente—, para justificar la pertenencia y por ende, el ataque armado a la zona.

Sin embargo, veámoslo más a fondo.

Continuamos en el año 2014.

Y si bien, la anexión de Crimea por parte de Rusia fue un suceso que no se esperaba. En Donbás, el ambiente no había estado calmado.

En *Donetsk* y *Lugansk,* provincias de *Donbás,* fue el territorio donde se desencadenó el conflicto. Y es que, grupos separatistas prorrusos tomaron la zona contando con el respaldo de Rusia. Hecho que precisó de la intervención del ejército ucraniano.

Aprovechando ese escenario a su favor, los separatistas prorrusos declararon la zona como "República Popular de Donetsk y Lugansk".

No obstante, pese a esta autoproclamación, no obtuvo reconocimiento internacional.

Por su lado, Rusia no sólo mostraba apoyo, sino que lo incentivó.

Muestra de ello, fue el continuo envío de tropas rusas al territorio que estaba intentando recuperarse por parte de Ucrania. Para restaurar el orden implantado, previo a estas insurgencias.

La guerra continuaba, el número de muertes aumentaba y no se vislumbraba un desenlace cuyo punto y final no estuviera escrito con sangre.

Por ese motivo, entre 2014 y 2015 se firmaron los Acuerdos de Minsk.

Bajo la supervisión de la OSCE[59] e interviniendo en su firma los representantes de Ucrania, Rusia y las repúblicas autoproclamadas, los Acuerdos de Minsk, se trataron de dos protocolos (Minsk I y Minsk II). Donde se asentaban las bases para mantener un alto al

---

59 Organización para la Seguridad y Cooperación en Europa. Fundada en 1994. Se trata de la organización para la seguridad más amplia del mundo.

fuego, amnistía para los prisioneros, así como instauración de un sistema legítimo de elecciones donde se reconociera la independencia de esos territorios respecto de Ucrania.

Sin embargo, no se trató de una solución efectiva. Pues los incumplimientos de dichos Acuerdos, se sucedieron consecutivamente.

Tanto en términos políticos, como en el aspecto territorial.

Las acusaciones se lanzaron en todas direcciones.

Rusia señalaba a Ucrania, ésta a los prorrusos y éstos últimos acusaban a Ucrania de no respetar los términos acordados.

Reproches sucesivos, que dejaron en papel mojado los Acuerdos.

Convirtiéndose Donbás en una zona beligerante por excelencia. Con aumentos y disminuciones en su virulencia, pero sin lograr establecer un final definitivo.

Posteriormente, centrándonos ya en el año 2022, las repúblicas de Donetsk y Lugansk se adhesionaron a Rusia.

El desacuerdo internacional no tardó en manifestarse, así como la legitimidad de tales procesos.

Mientras tanto, Rusia justificaba ese acto, respaldándose en el movimiento previo realizado por Ucrania. Ya que, ésta continuaba en su movimiento político de acercamiento a la Unión Europea.

Hecho totalmente desaprobado por Rusia, ya que considera y argumenta que, de ser Ucrania parte de la UE, los intereses de Rusia —así como su integridad— se verían lesionados.

Pues una de sus mayores preocupaciones se trata de la expansión europea, escenario que intenta contener y evitar a toda costa.

Ha de tenerse presente, que los factores aquí recabados son los más destacados del conflicto, pero no los únicos. Ya que, cada suceso por nimio que pueda apreciarse desde el exterior, se trata de una gota más que rebosa el vaso de las tensiones acumuladas década tras década.

¿Se sumarán nuevos elementos al conflicto?, ¿Cuáles serían sus consecuencias? Y lo más importante ¿Qué estratégias geoeconómicas podrían salvar a la comunidad internacional?

## VISIÓN INTERNACIONAL DEL CONFLICTO

Los conflictos pueden observarse desde distintos puntos de vista.

Hasta ahora, hemos observado la perspectiva de Rusia y de Ucrania, los estados implicados.

No obstante,es imprescindible conocer la postura de la comunidad internacional. Pues pese a ser actores secundarios, el rol que decidan tomar dichos países ante la situación bélica, puede ser o no determinante para uno u otro bando.

Sin olvidar el hecho de que, toda guerra deriva en daños colaterales. Por lo que, la intervención de los estados será acorde a dicha premisa. Pues, cuanto más puedan peligrar sus intereses propios —presentes o futuros— por impacto directo del conflicto Rusia-Ucrania, más duras o tajantes serán las medidas que tomen respecto del mismo.

## UNIÓN EUROPEA

Siendo una de las más rígidas y contundentes a la hora de manifestar su desacuerdo hacia los movimientos ejecutados por parte de *Putin* a la cabeza de Rusia. La Unión, no sólo le ha impuesto sanciones de diversa naturaleza, también ha orientado sus últimas políticas y proyectos hacia un objetivo. Que no es otro que, lograr independizarse por completo del gas ruso.

Con dicho objetivo, no sólo abandonaría una postura de sumisión ante cualquier amenaza de un corte de suministro parcial, en el caso de no ceder ante alguna de sus exigencias —escenario medianamente probable en un futuro, atendiendo al panorama actual—. Sino que además, el perjuicio que le puede generar a Rusia sería significativo.

Pues la Unión Europea, era una de las mayores consumidoras de dicho gas. Y sí, decimos “era”. Debido a que, junto a dichas políticas centradas en conseguir su autoabastecimiento energético. Ha dado el salto, al mismo tiempo, hacia las energías limpias.

Tratándose la transición energética, de uno de los objetivos más ambiciosos de la UE, ha conformado una amplia gama de políticas, proyectos y acuerdos en común.

Algunos ya activos, otros en fase de desarrollo, pero todos en marcha. Incluyendo las inversiones[60].

Lo que significa que, esa dependencia poco a poco, se va conformando en un hecho. Aunque no se pueda considerar como tal aún a día de hoy.

Esto, se interpreta como un cierre de grifo en toda regla para Rusia, ya que se quedaría sin una inyección importante de capital. Pues hablamos de cifras millonarias.

En cuanto a las sanciones interpuestas, abarcan varios sectores.

Telecomunicaciones, transportes, Banca, etc. Todas ellas encaminadas a causar un declive efectivo en la economía rusa.

No obstante, el único sector no sancionado, se trata del alimentario —comprendiendo su exportación y medios de obtención[61]—. Pues, el objetivo de la Unión, no es causar detrimento —más aún— a la población rusa. Sino, al gobierno de Putin. Y por ende, a sus propósitos bélicos.

De otro lado, la actuación de la UE abarca otros ámbitos, como el de desmentir comunicados e informaciones sobre el papel, las intenciones y los movimientos de la propia Unión, respecto de Ucrania o el conflicto con Rusia.

---

60 Vid. Ref. nº 32.

61 Vid.: Cómo funcionan las sanciones de la UE contra Rusia-Consilium (europa.eu)

En la página oficial de la Unión Europea, podemos encontrar artículos como el siguiente:

*"Desmintiendo doce mitos sobre la guerra de Rusia en Ucrania[62]".*

Como vemos, las campañas de desinformación abundan y aún más en la red. No obstante, trataremos ese tema más adelante.

Respecto de Ucrania, la UE ha manifestado su solidaridad y compromiso activo en cuanto a brindarle un soporte efectivo a lo largo del tiempo.

Debido a que la misma reconoce que, la soberanía de Ucrania se encuentra comprometida y en constante amenaza. La cual se extiende hacia otras esferas, como es la perteneciente a los derechos humanos.

Pues la violación de esos derechos es constante. Lo que degenera en una vulnerabilidad que, se une al hecho de los daños irreparables que le son infringidos a una sociedad que se está viendo diezmada y acorralada.

Es por eso, que el apoyo brindado a Ucrania no sólo es político. Sino también, diplomático, económico, humanitario y armamentístico.

Lo cual no ha causado pocos revueltos dentro del panorama internacional.

## OTAN

Por su parte, la Organización del Tratado del Atlántico Norte, es clara.

Condenando los actos cometidos por Rusia y brindando su apoyo militar a Ucrania.

---

62 Vid. artículo completo: Desmintiendo doce mitos sobre la guerra de Rusia en Ucrania (europa.eu)

De hecho, manifestó su compromiso de continuar brindándole soporte defensivo hasta que finalice el conflicto.

Mientras tanto, la Alianza Militar intenta velar al máximo de sus capacidades por la seguridad cooperativa de sus miembros y no faltar a sus objetivos y prioridades actuales. Ya que, un conflicto de tal magnitud compromete significativamente su estabilidad.

Es por ello, que en los últimos tiempos y en pro de proteger efectivamente dichos principios, ha intervenido activamente en políticas de cooperación e intentos de mediación.

De hecho, informaciones recientes dispuestas en portales de medios de comunicación oficiales de cada país[63] recogen la preocupación de la OTAN frente a la postura de China. País que trataremos a continuación.

## CHINA

Aunque no se posicione a favor de un país u otro, en estos últimos tiempos la inquietud en el ambiente internacional es palpable.

Mencionamos anteriormente que la OTAN se encuentra preocupada por los próximos movimientos que China pueda llegar a hacer. Y es que, existe la duda de si China pueda llegar a suministrar armamento a Rusia en un futuro.

Ésto, aunado a la contemplación de movimientos en conjunto con *Putin*, ha incrementado la incertidumbre.

Es por ello, que China niega este hecho tajantemente y al mismo tiempo, pone en el punto de mira a EE.UU acusándola de alimentar el conflicto.

En cuanto a China, se encuentra manteniendo una actitud públicamente conciliadora, expresando constantemente su preocupación sobre el conflicto entre Rusia y Ucrania.

---

63 Vid.: Artículo Europapress. La OTAN reconoce su "creciente preocupación" por el posible envío de armas de China a Rusia (europapress.es)

Invita a explorar vías diplomáticas tendentes a la comunicación entre los beligerantes. A través de su perspectiva del conflicto, éste debe resolverse pacíficamente. O al menos, sin más derramamiento de sangre.

Para ello, su posición se centra en el respeto de las soberanías y la seguridad. Tanto la de los estados implicados como la de la comunidad internacional.

Pues de mutar la presente guerra en un conflicto con armamento nuclear, las consecuencias podrían llegar a ser mucho más que catastróficas.

Además, en este sentido de seguridad, añade el deber de velar por la protección y derechos de civiles y prisioneros de guerra.

En cuanto a las sanciones, comenta que la interposición de las mismas no deben interponerse unilateralmente.

Menciona igualmente, la importancia de enfocar los esfuerzos en mantener las cadenas de suministro, en especial el de alimentos. Ya que, pide no pasar por alto la crisis humanitaria.

Estos y otros elementos son recogidos en la página web de su Ministerio de Relaciones Exteriores[64].

## EE.UU.

Estados Unidos es claro en cuanto a su postura, apoya a Ucrania y condena las actuaciones de Rusia.

No son secretas las tensiones entre ambos gobiernos, pues Rusia considera a EEUU una amenaza, tanto por sus movilizaciones dentro del conflicto, como por sus estrategias geoeconómicas de cara al futuro.

---

64 Vid.: Posición de China sobre la Solución Política de la Crisis de Ucrania (fmprc.gov.cn)

De hecho, el soporte que le está prestando a Ucrania se observa por parte de Putin como una clara estratagema y que realmente lo que busca es satisfacer sus propios intereses.

No obstante, la ayuda que Estados Unidos suministra a Ucrania es de carácter militar, armamentístico, financiero y diplomático.

Cubriendo un amplio espectro en lo que a asistencia humanitaria se refiere.

Pues se encuentra ofreciendo asilo a las víctimas de la guerra, desplazamientos, asistencia médica, alimentos y reconstrucción de infraestructuras.

Y según los comunicados emitidos por la Casa Blanca, se continuará manteniendo hasta que finalice el conflicto[65].

## LA CARA B DEL CONFLICTO

En este punto, conocemos antecedentes históricos, sucesos más relevantes, posturas de ambos estados y el posicionamiento de la mayoría de los actores internacionales implicados en la disputa. Los cuales apoyan abiertamente a Ucrania. Contando Rusia con poco soporte externo. Lo que no significa que no haya países que justifiquen la invasión, como es Siria.

Como observamos, la expansión del conflicto abarca mucho más que el territorio de los países en disputa. Lo que implica que las informaciones tienen un alcance aún mayor, el elemento clave es ¿Se trata de información veraz o falaz?

La manera más óptima de evaluar las informaciones, es conociendo la fuente de procedencia, así como contrastarlas a través de otros medios. Sin embargo, la realización de esa tarea requiere de un pensamiento crítico, conocimientos previos, experiencia y recursos. Elementos con los que cuentan los servicios de Inteligencia de cada país.

---

65 Vid.: Declaración de Biden. 21 de febrero de 2023. Declaraciones del presidente Biden previo al primer aniversario de la brutal y no provocada invasión de Ucrania por parte de Rusia | La Casa Blanca (whitehouse.gov)

No obstante, el medio de propagación actual de las informaciones es el ciberespacio, lo que implica un mayor grado de dificultad a la hora de contrastar informaciones y conocer su procedencia, debido al ingente volumen de las mismas.

Cuanto más volumen de datos e informaciones, más tiempo será necesario para la comprobación de su veracidad.

A este hecho, hemos de sumarle la intervención de agentes externos que sin ningún tipo de filtro, divulgan las informaciones que encuentran. Estos agentes externos pueden ser medios de comunicación poco instruidos en seguridad de información o bien, civiles mediante el uso de redes sociales, entre otros.

Entonces nos encontramos ante un panorama repleto de informaciones, sin saber cuál es real, y es así, como comienzan las campañas de desinformación.

## DESINFORMACIÓN MASIVA

Por desinformación entendemos todas aquellas prácticas tendentes a difundir hechos inciertos, manipulados e incluso sesgados[66], que pueden tratar de un suceso en concreto, personas, instituciones, empresas o gobiernos. Además, su creación y difusión puede revestir diversas intenciones.

La producción de información falsa o manipulada, puede darse en diferentes escalas, es por ello que actualmente esta problemática es uno de los focos principales de atención de instituciones y empresas, pues sus efectos provocan verdaderas crisis sociales e incluso puede llegar a afectar a la opinión internacional generando tensiones, lo que implica que esta práctica suele ser utilizada por los países ene-

---

66 Probablemente hayamos escuchado el término *Fake new* o *Deepfake*. En el caso de las *Fake news*, se tratan de noticias falsas, mientras que *Deepfake* es el término que se emplea para referirse a las manipulaciones realizadas sobre vídeos y audios, mediante el uso de distintos tipos de *software* e inteligencias artificiales.

migos con la intención desestabilizar y perjudicar a los intereses del país que esté siendo susceptible de la campaña de desinformación.

En el sentido que nos ocupa, la desinformación masiva en torno a la guerra Rusia-Ucrania es una realidad, llegando a tal punto de precisar intervención de la comunidad internacional, quienes publican informes sobre la metodología empleada por el gobierno de *Putin* para generar informaciones falsas y su propagación, como es el informe sobre "*Los pilares del Ecosistema de Desinformación y Propaganda de Rusia*[67]" emitido por el *Global Engagement Center*[68] (GEC) de Estados Unidos.

El informe plasma los cinco pilares rusos de desinformación y los describe como:

1. "*Comunicaciones oficiales del Gobierno*".
2. "*Mensajes globales sufragados por el Estado*".
3. "*Cultivo de fuentes proxy*[69]".
4. "*Militarización de redes sociales*".
5. "*Desinformación habilitada por el ciberespacio*".

Otro mecanismo de actuación para hacer frente a las campañas de desinformación promovidas por Putin, lo encontramos por parte de la Unión Europea, quién suspendió licencias de emisión de los medios de comunicación *RT Arabic* y *Sputnik Arabic,* al comprobarse que las mismas se encontraban bajo el control de Rusia y las comunicaciones efectuadas perseguían la desinformación y perjuicio de Ucrania, y así lo publicó el 27 de febrero de 2023 anunciando que a

---

67 Vid. Informe del GEC: Pilares-del-Ecosistema-de-Desinformacioìn-y-Propaganda-de-Rusia.pdf (state.gov)

68 Traducción español: "Centro de Compromiso Global"

69 Definición *Proxy: "..tecnología que se utiliza como puente entre el origen (un ordenador) y el destino de una solicitud (Internet)... Cuando utilizamos un servidor proxy, toda la información pasa primero por él, este es el encargado de enviarlo al lugar de destino, impidiendo toda comunicación directa entre nuestro ordenador destino e Internet (u otro ordenador)"* Vía: Mcafee.com

ambas emisoras se les incluía en la "*Decisión 2014/512/PESC del Consejo y en el anexo XV del Reglamento (UE) n.o 833/2014 del Consejo*"[70]

La necesidad de detener con presteza cualquier información engañosa o con finalidad manipulativa, reside en evitar las consecuencias provocadas por la desinformación, las cuales pueden ser:

- Incertidumbre.
- Desestabilización económica y social.
- Propagación de rumores.
- Teorías conspiranóicas.
- Pérdida de credibilidad.
- Conductas paranoides.

Sin embargo, las acusaciones sobre el lanzamiento de campañas de desinformación no sólo señalan a Rusia, pues Ucrania también es acusada de ello por parte de *Putin*, lo cual nuevamente vuelve a ser muestra de un uso magistral de la manipulación, ya que no existen pruebas que así lo confirmen.

Lo que sí se constata hasta el momento es que, el medio más empleado por el gobierno ruso para difundir informaciones falsas y sesgadas, son las redes sociales[71].

La manera en la que emplea las rrss[72] para desinformar es generando *bots*[73], *trolls*[74], cuentas falsas, además de, *influencers*[75], pues

---

70 Vid. anuncio UE retirada licencias radiodifusión: *Publications Office (europa.eu)*

71 *Facebook, Tik Tok, Instagram, Twitter, etc.;*

72 Acrónimo: redes sociales.

73 Definición "bot": "*... programa que realiza tareas repetitivas, predefinidas y automatizadas. Los bots están diseñados para imitar o sustituir el accionar humano...* " Vía: Kaspersky.com

74 Definición "Troll": "*..persona que aprovecha cualquier lugar en la Red en el que se puedan hacer comentarios para crear controversia y fomentar el enfrentamiento entre otros usuarios. Su objetivo es llamar la atención y molestar..*"Vía: protecciondatos-lopd.com

75 Definición *Influencer*: "*influencer es un anglicismo usado en referencia a una persona con capacidad para influir sobre otras, principalmente a través de las redes*

teniendo en cuenta el bloqueo impuesto a Rusia en cuanto a acceso de medios de comunicación tradicionales como es la televisión, el uso alternativo de influencers no sólo es menos costoso, sino que además, contempla un mayor alcance.

Así en cuestión de segundos, la red queda plagada de información distorsionada, lo que genera desconcierto y no sólo a la población civil, sino también, a las divisiones de los servicios de Inteligencia destinados a interceptar información en redes sociales, lo que implicaría que en el caso de que esa información no fuese lo suficientemente contrastada y evaluada, llegase al ejército ucraniano encargado de defender los puntos más críticos del conflicto.

Estos intentos de ataques lanzados desde el ciberespacio a las fuerzas ucranianas no son los únicos, pues frente a las oleadas de desinformación generadas desde el comienzo del conflicto, también los ciberataques han jugado un papel importante, como es el caso de los *ransomware* empleados por la Dirección Principal del Estado Mayor de las Fuerzas Armadas rusas.

La magnitud de los ciberataques alcanza a todos los equipos y plataformas informáticos y no sólo bloquean o tiran servidores, sino que también roban información sensible y confidencial.

Así lo comunicó *Microsoft*[76] cuando detectó un aumento ingente en el número de ciberataques de orígen ruso a Ucrania,

De hecho, la relación entre Rusia y *Microsoft* cesó. Pues *Putin* anunció que todas las administraciones públicas de rusia comenzarían a trabajar con el sistema operativo *Linux*, terminando definitivamente con *Windows*.

Justificó este cambio, alegando que fue por motivos de seguridad nacional, pues no descarta un espionaje a través de dicho sistema operativo por parte de los servicios de Inteligencia de EE.UU.

---

*sociales. Como alternativa en español, se recomienda el uso de influyente"* Vía: rae. es

76 Vid.: informe Microsoft sobre los ciberataques de Rusia a Ucrania. Abril 2022:RE4Vwwd (microsoft.com). Artículo del Gerente General del Centro de Análisis de Amenazas Digitales de Microsoft. Marzo 2023: Is Russia regrouping for renewed cyberwar? - Microsoft On the Issues

Continuando en la línea de multinacionales tecnológicas, Google se prestó para brindar asistencia a Ucrania en materia de ciberseguridad y no sólo empresas, también grupos de *Hackers,* como el mundialmente conocido "*Anonymous*" ha actuado, emitiendo desde su cuenta de *Twitter* un comunicado oficial declarando el la ciberguerra a Rusia[77], tras producirse la invasión a Ucrania. Desde entonces Anonymous ha dirigido diversos ciberataques al gobierno ruso.

Por todos estos motivos es que, se comenzó a escuchar en los medios de comunicación internacionales el término "ciberguerra" para referirse al conflicto Rusia-Ucrania, lo cual es erróneo.

Para que se produzca una ciberguerra es imprescindible que se desenvuelva en el ciberespacio y por parte de un Estado, mediante ciberataques masivos y con la finalidad de perjudicar a los intereses de otro país. Y si bien Rusia es una potencia en cuanto a conocimientos y capacidades para emprender una ciberguerra, el escenario bélico actual contra Ucrania está teniendo lugar en el mundo físico, no sólo en el cibernético.

## CONTRAINTELIGENCIA SELECTIVA VS. DESINFORMACIÓN MASIVA

La contrainteligencia, es un ámbito de la Inteligencia reservado para los servicios de Inteligencia de cada nación y su principal función consiste en velar por la seguridad del estado, y ello lo logra mediante la protección de informaciones confidenciales y los intereses estratégicos, económicos y políticos estatales.

Tarea que lleva a cabo mediante la interceptación de datos que se encuentren en posesión de los enemigos, pues de esta manera puede conocerse qué sabe el enemigo, cómo lograr que no descubra lo que aún no sabe y qué estrategias deben aplicarse para ganar capacidad anticipativa de acción y reacción.

---

77 Vid. Declaración ciberguerra desde la cuenta oficial en Twitter de Anonymous a Rusia:
https://twitter.com/YourAnonNewsE/status/1497417816227688450?s=20

Lo que implica, mitigar vulnerabilidades, identificar factores de riesgo, localizar posibles infiltraciones encubiertas y detectar las amenazas presentes y futuras.

Por su parte, la contrainteligencia selectiva cumple con la misma función, pero se caracteriza por centrarse en un enemigo en concreto previamente identificado y su actividad, así pueden generarse estrategias para contrarrestar cualquier intento de agresión, pues esta puede comprometer la seguridad nacional.

Teniendo presente que se trata de interceptar información, no todo se permite a la hora de su adquisición, pues debe respetar ciertas normativas nacionales y consensuadas internacionalmente, en caso contrario se incurre en un acto ilegal y susceptible de ser sancionado.

Existen diversos métodos para obtener información, como son las técnicas tradicionales del uso de agentes encubiertos, fuentes humanas, vigilancia y control de las comunicaciones o bien, aquellas que se ejecutan dentro del ciberespacio, como es el uso de la ingeniería social, operaciones online y el uso de fuentes abiertas. Son las técnicas de interceptación de información más utilizadas a día de hoy, por consumir menos recursos, ser de fácil acceso y lo más importante, casi todos los sectores a día de hoy han dado el salto al ciberespacio.

Ahora bien ¿Cómo realiza la contrainteligencia su función de captar informaciones, cuando se están ejecutando campañas de desinformación masivas a nivel mundial?

Tengamos presente que continuamos en el espacio cibernético, por lo que detectar amenazas resulta complejo al haber millones de informaciones falsas, confusas y manipuladas procedentes de redes sociales, foros, blogs y medios de comunicación. Lo que significa también, que existe un gran cúmulo de fuentes y no todas son confiables.

Ante estos casos, los servicios de Inteligencia deben llevar a cabo una doble vía:

- En primer lugar comprobando la veracidad de las informaciones y fiabilidad de las fuentes, para ello recopila, filtra y analiza los datos identificando patrones, lo que permite del mismo modo averiguar los sistemas que se emplean para generar la desinformación, por qué medios suele propagarse principalmente y en qué contextos temporales tiende a aparecer con más intensidad y ésto da lugar a generar estrategias que hagan frente a dichas campañas.

- Por otro lado, trabajando en conjunto con las agencias de Inteligencia de la comunidad internacional, las informaciones veraces se difunden a través de las distintas organizaciones internacionales, instituciones y entidades gubernamentales, con la intención de crear concienciación e informar, ya que lo que se pretende es acabar con la confusión, rumores y bulos propagados. La divulgación de la información veraz, se realiza mediante campañas informativas, guías prácticas para la población y empresas de distintos sectores, informes emitidos por fuentes oficiales, medios de comunicación que gozan de un alto nivel de credibilidad y comunicados oficiales por parte de los gobiernos en sus distintas plataformas online.

En este contexto, la contrainteligencia encuentra soporte en la Ciberinteligencia, pues ésta le sirve de herramienta para monitorear las plataformas digitales y así detectar cuál de ellas es más proclive a albergar informaciones falsas, realizar vigilancia online, definir patrones de actividades sospechosas e identificar a las fuentes y sujetos que generen, promuevan y contribuyan en la difusión de las campañas desinformativas.

De igual modo, el apoyo también se extiende a la hora de detección de ciberamenazas, mitigación de vulnerabilidades, identificación de riesgos y creación de planes estratégicos frente a ciberataques cuya pretensión sea dañar la seguridad de la nación.

Como vemos, el conflicto Rusia-Ucrania se desenvuelve en terreno físico con el uso de la fuerza militar y en el ciberespacio por medio de campañas de desinformación masiva y ciberataques, aunque no ha sido el único medio empleado por parte de Rusia, pues si recordamos el desarrollo de la disputa expuesto en este capítulo desde 2014 hasta el presente, apreciamos ataques económicos en distintos niveles, golpes a las políticas ucranianas e incluso el uso de la diplomacia para provocar tensiones internacionales hacia Ucrania, lo que implica que estamos ante una guerra híbrida, ya que la misma se produce cuando los estados beligerantes emplean técnicas convencionales y no convencionales, es decir, el uso de la fuerza armada y otro medio, el cual puede ser político, económico, tecnológico, entre otros.

Lo que se persigue con el empleo de distintos medios en las guerras híbridas, es desestabilizar y debilitar al adversario, pues el objetivo es causarle un perjuicio generalizado y al mismo tiempo, obtener una posición ventajosa, ya sea estratégica, política, económica e incluso de posicionamiento en cuanto a la comunidad internacional, pues puede interferir en su influencia y relaciones con los demás países.

Conviene tener presente que el término "guerra híbrida" no es nuevo, pues el término apareció por primera vez en un documento académico de la Marina estadounidense en 2002, posteriormente al término se le dotó de significado en el artículo escrito por *James N. Mattis* y *Frank G. Hoffman "La guerra del futuro: la llegada del conflicto híbrido"*, y continúa en evolución, ya que no existe consenso pleno sobre su definición. De hecho, en sus inicios esa mención a " medios no convencionales " comprendía a guerrillas, terrorismo, etc. Y como vemos, en la actualidad cubre un espectro más amplio, además, dentro del concepto "híbrido" se comprende no sólo a las guerras, sino a las amenazas y conflictos. No obstante, donde sí aparece acuerdo, es en el hecho de que las guerras híbridas son multidimensionales.

Por último, se considera necesario aclarar que no se debe confundir término "guerra híbrida" con "guerra asimétrica", pues hablamos de guerra asimétrica, cuando en un conflicto uno de los dos oponentes se encuentra en una significativa ventaja sobre el otro, esa superioridad puede ser territorial, capacidad de recursos, número de combatientes en activo, armamento y cualquier otro elemento que sitúe al otro automáticamente en una posición de inferioridad y de ahí, que deba emplear otras estrategias para poder desenvolverse en la contienda y le permita tener una mínima oportunidad para generar una contraofensiva.

## *Capítulo 4*

# *El caso Kosovo-Serbia: tensión entre candidatos de la Unión Europea*

Si a día de hoy los escenarios geopolíticos se tratan de uno de los ámbitos más volátiles e inciertos, su explicación la encontramos en casos como el de Kosovo y Serbia, ya que, desde hace tiempo la comunidad internacional se mantiene alerta debido a la relación tan compleja que mantienen ambos países. Hecho que, al mismo tiempo, coloca en una postura difícil a la Unión Europea debido a la falta de consenso.

No obstante, es necesario echar un vistazo atrás en el tiempo para comprender por qué Kosovo y Serbia en este presente, generan tal tensión.

## ANTECEDENTES

Como viene siendo recurrente a lo largo de la historia de la humanidad, la ambición, el dominio y necesidad de justificar a toda costa las pretensiones propias, aunque estén carentes de una lógica plausible, han sido no en pocos casos los cimientos de largas y cruentas batallas.

Y es que, los conflictos entre Kosovo y Serbia, vuelven a tener raíces históricas, las cuales se emplean para tergiversar la realidad y defender una postura obsoleta, que se niega a adaptarse a los cambios de una sociedad globalizada.

Sin embargo, ¿Qué ligazón puede avalar una sumisión impuesta en contra de la voluntad del otro? En este sentido, Serbia lo tiene claro, pues acude constantemente al sentimiento histórico, cultural y simbólico para motivar su actitud negativa ante los intentos de Kosovo por autogobernarse y además, ser un miembro más de la Unión Europea.

Nos situamos en el año 1389, en la llanura de Kosovo, cuando aún ésta era considerada comúnmente como parte del territorio de Serbia, donde se libró la conocida "Batalla del campo de Mirlos", entre el príncipe serbio *Lazar Hrebeljanović*[78] y el sultán del imperio Otomano, Murad I[79].

Como resultado de dicha batalla, ambos líderes perdieron la vida, hecho que aunque significase que la victoria no se inclinaba hacia ninguno de los dos bandos, supuso para los naturales de serbia, un antes y un después, pues su manera de desenvolverse durante el combate, los convirtió en un referente de resistencia.

Es tras este suceso, cuando el territorio de Kosovo comienza a tomar un significado relevante para Serbia en cuanto a su identidad como nación. Además de, haber presencia de serbios en la zona, aunque en ese período conviviesen junto con albaneses, búlgaros, valacos y turcos.

Sin embargo, pese a ésto Kosovo queda sometida al Imperio Otomano, lo que implica la represión de la población de la zona, aunado a la expansión de las creencias religiosas en expansión por el territorio, factores que van alimentando desde temprano el sentimiento de autodeterminación y necesidad de deshacerse del yugo de quienes ejercen el control.

En cuanto a Serbia, logró su autonomía del Imperio Otomano en 1829[80], aunque no sería hasta 1878 cuando conseguiría su inde-

---

78 "*El príncipe Lazar Hrebeljanović (1329-1389) fue un gobernante serbio medieval que creó el estado más grande y poderoso en el territorio del imperio serbio desintegrado. El estado de Lazar, al que los historiadores llaman Serbia Morava, comprendía las cuencas de los ríos Gran Morava, Morava Occidental y Morava Meridional. Lazar gobernó la Serbia de Moravia desde 1373 hasta su muerte en 1389*" Vía: Lázaro de Serbia La vidayCulto (hmong.es)

79 "*Murad I. Sultán otomano desde 1362 hasta 1389. Arrebató a los griegos Tracia, Galípoli y Adrianópolis, estableciendo en este último punto la capital de su imperio. Sometió a los serbios y búlgaros, y fue el creador del cuerpo de los jenízaros. Murió en 1389 en la batalla de Kosovo, después de ganar treinta y siete combates*" Vía: Murad I - EcuRed

80 Tras la firma del Tratado de Adrianópolis, 1829. Entre Rusia y el Imperio Otomano, donde a Rusia se le otorgaba un poder de protección sobre Serbia, entre otros territorios.

pendencia[81] con el apoyo de Rusia, pues ésta continuaba librando la conocida como "Guerra de Oriente[82]" buscando que los territorios de la zona balcánica pudieran desvincularse definitivamente de los otomanos. Ese mismo año, se celebró el Congreso de Berlín de la mano de *Otto Von Bismarck* y volvieron a redefinirse los territorios, quedando Serbia reconocida como país independiente.

Posteriormente, durante la Guerra de los balcanes, Serbia se anexionó Kosovo en 1912 y seis años más tarde tras el estallido de la Primera Guerra Mundial, es decir, en 1918 se conformó Yugoslavia, cuyo nombre original fue "Reino de los Serbios, Croatas y Eslovenos", pasando a llamarse "Yugoslavia[83]" en 1929 y siendo su líder *Josip Broz Tito.* Ese cambio de nomenclatura se debió a un intento de mostrar una imagen unificada de cara a los demás países.

En 1946 se estableció la Constitución de la *República Federal Socialista de Iugoslàvia* (RFSI) y fue en este momento cuando a Kosovo se le consideró como una región autónoma, aunque continuaba perteneciendo al territorio de Serbia.

Este hecho se reafirmó en la Constitución de 1963, pasando a considerarse una comunidad sociopolítica en 1968.

En cuanto a su población, la mayoría era de origen albanés y su disconformidad era notable, pues se sentía reprimida constantemente, de ahí que en ese mismo año se produjese una serie de manifestaciones, que desembocaron en el nombramiento de Kosovo como provincia autónoma, la cual quedaba al cargo de los albaneses que conformaban la "Liga de los Comunistas".

---

81 Mediante la firma del Tratado de San Stefano en 1878. Al concluir la guerra ruso-turca, Rusia a modo de acuerdo de paz, impuso a los otomanos la firma del tratado, donde se reconocía la independencia de varios territorios, entre ellos Serbia. Vía: Tratado de San Stefano - Información sobre Tratado de San Stefano (leyderecho.org)

82 También denominadas "Guerra ruso-turca" (1877-1878).

83 Ha de destacarse que a Yugoslavia se le reconocen dos períodos, "la primera Yugoslavia" comprende un período de 1929 a 1941 y "la segunda Yugoslavia" de 1941 hasta 1990. Estas diferenciaciones se emplean para hacer alusión a sus luchas internas en cuanto a estados y la que desarrollaban al mismo tiempo contra los enemigos de la Segunda Guerra Mundial.

Durante el transcurso de los siguientes años, si bien a Kosovo se le había permitido tener una autodeterminación más holgada en cuanto a años pasados, continuaba existiendo una represión e intento de control constante por parte de Serbia, lo que impedía su desarrollo aunque de una manera indirecta, ello debido a que la presencia de *Tito* y su política unificadora mantenía un cierto control. Hecho que pudo comprobarse tras su muerte en 1980, pues la población de Kosovo presentía lo que poco a poco fue sucediendo, una nueva imposición de los Serbios sobre el territorio. Además, hubo de sumarse el inicio de una crisis económica en Yugoslavia

Paulatinamente, se fue atacando sistemáticamente a la estructura administrativa interna de Kosovo, la cual había ganado peso en los distintos sectores, menoscabando los derechos de su población y ganando control en la zona, es por ello que a partir de 1981 comenzaron las manifestaciones[84] y continuaron en escalada, tanto es así que, se declaró el estado de emergencia y los albaneses de Kosovo comenzaron a ser enjuiciados por motivos políticos.

La represión iba en aumento y su punto culmen fue alcanzándose cuando en 1987, cuando *Slobodan Milosevic*[85] pasó a ser el presidente de la liga Serbia Comunista y dos años más tarde, en 1989, se convirtió en el presidente de la República de Serbia. Y es que, *Milosevic* cercenó la autonomía de Kosovo al máximo posible, anulando su desarrollo civil, cultural e incluso prohibiendo el uso de la lengua albanesa, aunque esto sucediese en 1990. Tal era la determinación del Líder Serbio de someter a la población de Kosovo, que realizó cambios en la Constitución Federal de 1974 para coartar más a Kosovo en cuanto su capacidad de toma de decisiones, la cual era plenamente legítima hasta el momento. Es por eso, que se precisó el uso de la fuerza para su aceptación.

---

84 Las primeras manifestaciones nacieron de parte de los estudiantes de la Universidad de Priština, en Mitrovica, Kosovo.

85 Slobodan Milosevic: "*Político serbio, presidente de la República de Serbia entre 1989 y 2000… se afilió al partido comunista yugoslavo a los 18 años… .en 1984 se dedicó de lleno a la política, vinculado a la Liga Comunista de Serbia, de la cual fue presidente entre 1986 y 1988*" Vía: biografiasyvidas.com

Paralelamente a estos sucesos, Yugoslavia también se encontraba con distintos focos conflictivos en activo por motivos políticos internos y el líder Serbio proseguía alimentando desigualdad étnica entre serbios y albanos, pues comenzó a restringir actividades, derechos legítimos y accesos a la política, prohibiendo el paso a zonas "únicamente" a la población albanesa de Kosovo, generando una brecha de desigualdad, implantando un modelo de superioridad étnica y básicamente construyendo algo muy similar al *"apartheid*[86]*"*.

Adentrados ya en el 1990, mientras las entidades más representativas de Kosovo buscaban la independencia de Serbia, ésta se enfocó en reformar su Constitución, lo cual suponía un perjuicio aún mayor, si es que se podía aún más, para minar definitivamente la autonomía de Kosovo, es por eso que se en el Parlamento de Pristina se celebró una sesión no autorizada por parte de los albaneses y se constituyó la Constitución de la República de Kosovo, no obstante la dificultad se encontraba en su aprobación, pues para poder votar en el referéndum que se decidió celebrar, tuvieron que recurrir a domicilios privados y otros métodos para ocultarse, ya que, de ser descubiertos por las fuerzas serbias, una detención hubiera sido el mal menos grave teniendo presente el ambiente del momento.

En 1991 lo que se había conocido como Yugoslavia, se desmoronó y ello motivado por los movimientos políticos e imposiciones que sus miembros comenzaron a interponerse unos a otros, abarcando desde el sector económico, hasta el territorial. Es por ello, que en ese año Croacia y Eslovenia decidieron independizarse, seguidas de los demás miembros, lo que dio comienzo a una guerra interna.

Un año más tarde, *Ibrahim Rugova,* es nombrado presidente de Kosovo, pues tras haber declarado su independencia y promulgado su constitución, celebró unas elecciones donde ganó la Liga Democrática de Kosovo (LDK), cuyo presidente y fundador era *Rugova,* quien años atrás fue miembro del Partido Comunista, hasta que por

---

86 Apartheid "*segregación de tipo racial, sobre todo a aquella que existió en Sudáfrica entre 1948 y 1992 y que fue impuesta por la minoría blanca de dicha nación*" Vía: definicion.de

exigir cambios en la Constitución Serbia por perjudicar ésta gravemente a Kosovo, fue expulsado en 1989.

La etapa comprendida entre 1992 a 1999 resultó catastrófica para la población, se originaron miles de movimientos migratorios intentando huír de un escenario donde las muertes y torturas eran la constante de cada día, pues se convirtió en un territorio donde los derechos humanos dejaron de tener el significado que algún día pudieron llegar a tener en esa zona, mientras tanto, *Rugova*, manteniéndose en su política de no violencia, intentaba establecer negociaciones y poco a poco fue siendo cuestionado por esa misma actitud pacífica ante un escenario tan cruento.

Un actor entró en escena, el Ejército de Liberación de Kosovo, el cual se comenzó a vislumbrar sobre 1996 y fue considerado mayoritariamente como un grupo terrorista por los actos llevados a cabo y sus llamamientos constantes a las armas.

Al margen de las opiniones, si volvemos fugazmente al presente, en diciembre del pasado 2022 encontramos el siguiente titular sobre un excomandante del Ejército de Liberación de Kosovo sobre los crímenes de guerra cometidos en Kosovo en 1999:

> *"El Tribunal Especial para Kosovo, con sede en La Haya, ha condenado a 26 años de cárcel a Salih Mustafá por el asesinato de un ciudadano serbio y torturas contra prisioneros sospechosos de colaborar con las fuerzas serbias[87]".*

Todo este contexto, tenía a la comunidad internacional expectante, llevando a cabo diversas actuaciones diplomáticas y organizándose para intervenir en cuanto tuviese ocasión, debido a su gravedad y sin atisbo de finalizar de ninguna de las maneras posibles, mientras la crisis humanitaria alcanzaba unos niveles críticos. De hecho, en 1998 la Unión Europea apoyándose sobre una estrategia para debilitar al líder Serbio, prohibió las inversiones en Yugoslavia[88].

---

[87] Vid.: Noticia: *Condenado un excomandante del Ejército de Liberación de Kosovo por crímenes de guerra | Euronews*

[88] Vid.: *BOE.es - DOUE-L-1998-81009 Posición Común, de 8 de junio de 1998, definida por el Consejo sobre la Base del artículo J.2 del Tratado de la Unión Europea relativa a la prohibición de realizar nuevas inversiones en Serbia.* Ya derogada.

Por su parte, en 1999 la OTAN al observar las oleadas de refugiados, la masacre de la población albanesa y que los ataques entre Ejército de Liberación de Kosovo y el ejército serbio junto con sus fuerzas de seguridad no cesarían, sino que, probablemente terminarían arrasando con todas las vidas a su paso, en el seno del Consejo de Seguridad de las Naciones Unidas aprobó la *"resolución 1244 (1999)*[89]*"*, donde se autoriza a la OTAN a llevar a cabo una misión militar cuyo nombre fue "*KFOR*" cuyas siglas significan "*Kosovo Force*" en inglés y en español pasó a llamarse "Fuerza Internacional de Seguridad". Fueron varios los países que enviaron apoyo militar para la ejecución de la misión, incluída España[90]. No obstante, el despliegue también fue aéreo, pues se procedió a activar una campaña de bombarderos aéreos.

Más tarde, cuando se depusieron las armas, se creó la "*UNMIK*" o lo que es lo mismo "*United Nations Interim Administration Mission in Kosovo*" y su traducción fue "Misión de Administración Provisional de las Naciones Unidas en Kosovo", para que la población se pudiera ir estabilizando paulatinamente, ya que, tal fue el nivel de degradación al que fueron sometidos los albaneses, que constantemente la prensa internacional publicaba artículos al respecto y no sólo los medios de comunicación, también los distintos ministerios de los gobiernos[91]

Ahora bien, esta decisión y acciones llevadas a cabo, presentaron daños colaterales, pues hubo pérdidas en todos los sentidos, económicas, militares, humanas e incluso políticas, lo que implicó que no todos los países contemplaran positivamente las medidas emprendidas.

En cuanto al fin del conflicto entre Kosovo y Serbia, este tuvo lugar al noroeste de Macedonia en Kumanovo, donde firmaron un

---

89 Vid.: Resolución Consejo de Seguridad de las Naciones Unidas: N9917292.pdf (un.org)

90 Vid.: Misión Kosovo 1999. Ministerio de Defensa, Gobierno de España: Kosovo (KFOR) - Ministerio de Defensa de España

91 Vid.: Revista de Defensa. Número 136. Junio de 1999: Nº 136 1999 Junio (defensa.gob.es)

acuerdo militar-técnico[92] con la Alianza del Atlántico Norte de mediadora.

## LA DÉCADA DE LOS 2000

Como cabía esperar, las reconstrucciones y rehabilitaciones de infraestructuras en Kosovo fueron más que necesarias, debido a las devastadoras consecuencias de la guerra, pues si sus calles estaban destruidas, no dejaban de ser un leve reflejo de cómo se encontraba la población albanesa en su fuero más interno.

Todo ello, estuvo supervisado por la Administración Provisional de las Naciones Unidas en Kosovo, mientras Kosovo y Serbia elegían a sus líderes.

El líder serbio *Slobodan Milosevic,* fue sucedido por *Vojislav Kostunica,* en cambio, cuando Kosovo convocó elecciones, volvió a elegir a *Rugova,* quien continuó en su mandato hasta su muerte en 2006.

El transcurso de los años no trajo consigo una paz palpable y mucho menos estable, pues diversas revueltas se fueron sucediendo, lo que implicó que la presencia de la KFOR de la OTAN tuviera que estar supervisando e incluso interviniendo para mantener un orden que no hallaba la manera de asentarse pese a todos los esfuerzos invertidos.

En 2006 Montenegro se independizó de Serbia y en febrero de 2007 Kosovo y Serbia, comenzaron negociaciones para aclarar cuál sería el estado de Kosovo, con *Martti Ahtisaari,* enviado especial de la ONU como mediador[93].

El informe emitido por *Ahtisaari, fue* mencionado por la Unión Europea, en su "*Resolución del Parlamento Europeo, de 29 de marzo de*

---

92 Vid.: Acuerdo de Kumanovo: 990615_MilitaryTechnicalAgreementKFORYugoslaviaSerbia(esp).pdf (un.org)

93 Vid.: Noticias hemeroteca ONU: *Kosovo: Enviado de la ONU destaca importancia de mejorar propuesta para estatuto futuro | Noticias ONU (un.org)*

*2007, sobre el futuro de Kosovo y el papel de la UE"*[94] donde se asentaron las bases para actuar con respecto de Kosovo, por la necesidad de generar un entorno seguro a su población, creando todo un articulado teniendo presente los últimos acontecimientos.

En este sentido, *Ahtisaari*, lo tenía claro y es que, en su opinión la solución más viable era una independencia supervisada para Kosovo[95], hecho con el que estaba de acuerdo gran parte de la Unión Europea y Estados Unidos, siendo su presidente en esos momentos *George Bush*. No obstante, Rusia no se mostró de acuerdo al ser aliada de Serbia desde tiempos remotos, por lo que amenazó con aplicar su derecho a veto para bloquear el proceso de independencia y aunque no lo bloqueó como tal, sí que la advertencia rusa provocó su paralización. Por lo que, Kosovo declaró unilateralmente su independencia en 2008 pasando a llamarse República de Kosovo, lo que implicó nuevamente que la OTAN tuviera que reforzar la seguridad del territorio, pues había un gran número de civiles serbios que peligraban al haber grupos de albaneses extremistas. Además, con Rusia y Serbia en contra de la independencia, las tensiones iban en aumento.

Por su parte, la Unión Europea creó la EULEX[96] con la finalidad de cubrir los mismos objetivos que en su momento cumplió la UNMIK, es decir, la "Administración Provisional de las Naciones Unidas en Kosovo" creada bajo el amparo de la ONU. Básicamente se trató de un traspaso de competencias de las Naciones Unidas a la UE que se empezó a confeccionar un año antes de que Kosovo declarase su independencia. La misión desempeñada por la EULEX en ese momento consistió en conformar las bases para la creación de un Estado de Derecho en el territorio kosovar, al mismo tiempo que, fomentaba las relaciones y reforzaba las instituciones. No obstante, no fue la única misión desempeñada por la EULEX en Kosovo, pues a lo largo

94 Vid.: *Resolución del Parlamento Europeo, de 29 de marzo de 2007, sobre el futuro de Kosovo y el papel de la UE*

95 Lo que derivó en que, mediáticamente se comenzase a llamar *"El plan Ahtisaari"* a su serie de propuestas tras las negociaciones.

96 Vid.: Acción común 2008/124/Pesc del Consejo de 4 de febrero de 2008; https://eur-lex.europa.eu/legal-content/ES/TXT/PDF/?uri=CELEX:32008E0124 y modificaciones posteriores: TEXTO consolidado: 32008E0124 — ES — 14.11.2016 (europa.eu)

de los años continuó con su labor debido a la necesidad constante de mediar entre los dos países.

En 2010 la Corte Internacional de Justicia, se pronunció sobre la declaración de independencia de Kosovo, emitiendo una opinión consultiva donde argumentó que Kosovo no violaba el derecho internacional[97]. Mientras tanto, la UE continuaba actuando como mediadora entre ambos territorios para intentar sentar las bases de un equilibrio a largo plazo, lo cual era realmente complejo. De ahí que, en 2011[98] la UE interviniera entre Kosovo y Serbia para que diera comienzo los diálogos sobre cómo gestionar las fronteras comunes.

Además, ese mismo año la Comisión Europea, emitió un dictamen favorable sobre la solicitud de adhesión presentada por Serbia en 2009, concediéndole en 2012 el estatuto de país candidato.

Durante los años consecutivos no cesaron los esfuerzos internacionales por lograr una estabilidad y armonía entre ambos países. De hecho, en 2013 se firmaron acuerdos sobre pasos fronterizos y relativos al estado civil, aduanas y energía.

Con todo, los ánimos no llegaban a apaciguarse y ello motivado por la acumulación de actuaciones de Serbia hacia Kosovo y viceversa, como pudo observarse en 2017 cuando Kosovo bloqueo la entrada a un tren serbio que presentaba una serigrafía con el mensaje "*Kosovo je srce Srbije*" en español "Kosovo es el corazón de Serbia" o en 2018 cuando Kosovo impuso aranceles del cien por cien a productos importados desde Serbia, a lo que la Unión Europea reaccionó solicitando que los suprimiera.

Dos años más tarde durante el mandato de *Donald Trump,* se personaron en *Washington D.C* los representantes de Kosovo y Serbia con motivo de la firma de "los acuerdos de Washington".

---

97 Vid.: opinión consultiva CPI, "*CONFORMIDAD CON EL DERECHO INTERNACIONAL DE LA DECLARACIÓN UNILATERAL DE INDEPENDENCIA RELATIVA A Kosovo Opinión consultiva de 22 de julio de 2010* (dipublico.org)"

98 En 2011 Kosovo puso a la cabeza de su presidencia a *Atifete Jahjaga*, la primera mujer al mando y cuarta presidenta electa de la República.

En ellos ambos países se comprometieron a cumplir con un paquete de diversas medidas de índole económica aplicable a todos los sectores, lo que se consideró un suceso histórico por los medios.

Cabe resaltar, que un elemento recogido en ese articulado era el reconocimiento de la independencia de Kosovo por parte de Serbia, a lo que ésta se negó, argumentando suspicazmente que el motivo de la reunión era para lograr un consenso en cuanto a disposiciones económicas, nada más.

En 2021 y volviendo a posicionarse la Unión Europea como mediadora, se realizó otro intento para ver si en esta ocasión era posible mantener un diálogo y conseguir avanzar en una armonización que cada vez estaba más cerca de una utopía, que de una realidad. Sin embargo, como venía siendo costumbre entre los dos territorios, poco duró lo que al inicio parecía ser una postura conciliadora, pues las disputas no cesaron y poco a poco las revueltas entre civiles albaneses y serbios volvieron a ser uno de los focos de atención, generando preocupación internacional nuevamente.

La Unión Europea recibió por parte de Kosovo una solicitud formal de adhesión en 2022. Hecho ante el cual, Serbia reaccionó y pidió a diversos países miembros que tampoco reconocían a Kosovo como un país independiente, como es el caso de España, que frenaran el proceso. No obstante, a día de hoy la UE sí lo contempla como un candidato potencial.

De hecho, el pasado 2022 estuvo marcado por distintos sucesos que no hicieron más que reavivar ese viejo espíritu de contienda, que durante tantos años se intentó calmar, provocando unos conflictos de tal magnitud que la comunidad internacional se volvió a temer lo peor.

Uno de los detonantes fue la puesta en marcha de un cambio que Kosovo anunció años atrás, que no se trataba de otra cosa que el cambio en los documentos de identificación de la población y las matrículas de los vehículos. Ese cambio consistía en establecer de manera efectiva la nacionalidad kosovar, pues era un paso más para conformar la soberanía tras su declaración de independencia.

Por lo que, los documentos de identificación y matrículas que no estuvieran registrados con esa nacionalidad, deberían realizar el cambio dentro de un período de tiempo limitado o de lo contrario tendría consecuencias, como sanciones administrativas y multas. Es por ésto que comenzaron a establecerse puntos de control en carreteras donde las autoridades realizarían actividades de inspección.

Además, para aquellas personas que entrasen en el territorio de Kosovo con identificación serbia, se les entregaría un documento de permiso temporal para permanecer dentro del país durante noventa días.

La imposición de este hecho supuso para los civiles de etnia serbia que vivían dentro de territorio kosovar un ataque hacia sus derechos, lo que provocó que se creasen diversos bloqueos en carreteras a modo de protesta.

En concreto, se concentraron principalmente en la ciudad de Mitrovica.

En el mapa podemos ver las capitales de cada país. Belgrado, capital de Serbia y Pristina, capital de Kosovo. Encontrando la ciudad de Mitrovica al norte del territorio kosovar.

La colocación de las barricadas originó que los ánimos de los albaneses de la zona comenzaran a caldearse y se necesitó la intervención de las autoridades, pues poco a poco el conflicto iba en escalada.

Llegando a presentar su dimisión policías, jueces y funcionarios serbios que prestaban sus servicios en las diversas ciudades de Kosovo.

Ante ésto, la presidenta de la Comisión Europea, *Ursula von der Leyen* comunicó que Kosovo actuaba legítimamente y tal como los demás países, es decir, emitiendo documentos de identificación y matrículas con su nacionalidad. No obstante, la Unión Europea instó a llegar a algún tipo de acuerdo, debido a lo alarmante de la situación. La OTAN avisó de que estaba preparada para intervenir en cualquier momento y Estados Unidos hizo un llamamiento a la flexibilidad, pidiéndole a Kosovo que pospusiera estas medidas a fin de que se rebajasen las tensiones. Hecho ante el cual, Kosovo accedió dando como plazo hasta septiembre.

Y sin dar una respiro, meses más tarde otro acontecimiento aún más crítico tuvo lugar, dando como resultado los disturbios más graves de los últimos tiempos, llegando Kosovo a cerrar su mayor paso fronterizo con Serbia y es que, todo comenzó cuando un expolicía serbio fue detenido por las fuerzas de seguridad de Kosovo después de que la Fiscalía kosovar lo identificara como presunto implicado en diversos delitos cometidos hacia agentes de policía de Kosovo.

Nuevamente la minoría serbia salió a las calles para protestar por esa detención, montando barricadas que cortaban el tráfico de diversas zonas y llevando a cabo ataques violentos, donde se incluyeron explosiones y tiroteos. La policía de Kosovo, con órdenes directas desde la presidencia, acudió a las zonas amotinadas para deshacerse de todo aquel elemento que bloquease las carreteras.Ya que, se emplearon hasta hileras de trailers para impedir cualquier tipo de paso.

Serbia, comunicó que sus tropas estaban en alerta de combate y listas para intervenir en la frontera de Kosovo a fin de proteger a la población serbia que residía allí y además, solicitó a la OTAN la intervención de su ejército. La respuesta que dio la Alianza en ese momento fue que, las unidades dispuestas en el territorio estaban preparadas para intervenir. Y la Unión Europea, pidió la retirada de las barricadas, al mismo tiempo que instaba al diálogo entre las partes para tratar de alcanzar un equilibrio, pues la idea de conseguir una armonía estaba muy lejos de ni siquiera llegar a plantearse

La medida que tomó Kosovo para intentar apaciguar el ambiente, fue trasladar al expolicía detenido de las dependencias judiciales a su domicilio, hecho para el cual hubo que aumentar la seguridad de la zona, aunque los disturbios no cesaron.

Igualmente, tomó la decisión de postergar las elecciones que tenía convocadas a finales de año, estableciendo como fecha abril de 2023.

## EL TRANSCURSO DE 2023

Teniendo presente cómo se cerró el año, la comunidad internacional continuaba abogando por una solución definitiva a los conflictos que plagaban los territorios kosovares y serbios. No obstante, a estas alturas se ha comprobado que la tarea va a requerir no sólo de tiempo, sino también de más propuestas con la que los dirigentes de ambos territorios puedan llegar a un acuerdo, pues es innegable que en algún punto deberán ceder, al menos para que el número de disturbios descienda significativamente.

Pues tanto los serbios residentes en zonas kosovares como la mayoría albanesa, han mostrado y no en pocas ocasiones, una enemistad que trasciende más allá de una mera ideología política no compartida, que deja entrever que será necesario no sólo una redirección a nivel de sus gobiernos, sino un cambio de mentalidad completo a nivel social, lo que se augura que no sucederá, a no ser que las generaciones predecesoras entierren los enfrentamientos que arrastran desde antiguo o se realice un esfuerzo efectivo por parte de quienes ostentan los altos cargos políticos en la actualidad. Sin embargo, los frentes abiertos no hacen más que sumarse y alimentar argumentos que añadir al discurso que oportunamente utilizan para mantenerse en sus posturas discordantes.

Desde enero, medios de comunicación internacionales publicaron noticias donde tildaron al líder Serbio de oportunista y continuar sin acceder a los acuerdos propuestos por la Unión Europea, porque así podría continuar aprovechándose de la baja de precios del gas ruso resultante de la guerra Rusia-Ucrania, pues de aceptar las propuestas, las relaciones con *Putin* se verían afectadas, al ser el mayor de sus aliados en el presente.

En cambio, esos diálogos tuvieron lugar y contaron con la participación de mediadores provenientes de la Unión Europea y Estados Unidos, donde se le pidió a Kosovo que tomase una postura comprensiva para lograr estabilizar las relaciones entre ambos países. Asunto tan delicado que originó que, ante cualquier tipo de suceso entre civiles, precisara de comunicados oficiales para aclarar los hechos y sosegar los ánimos. Como sucedió cuando un menor residente en una zona de mayoría serbia fue atacado y las autoridades kosovares mostraron celeridad a la hora de dar explicaciones, anunciando que habían detenido al autor de las agresiones, quien actuó por motivos personales y no políticos. Ya que, las manifestaciones nuevamente comenzaron a concentrarse.

En este sentido, las redes sociales hicieron y hacen flaco favor a ambos bandos, pues en tiempo récord se viralizan vídeos de pocos segundos de duración donde aparecen imágenes de disturbios entre civiles y militares con cientos de heridos, que muchas veces no se corresponden ni a la zona, ni al año en curso y son utilizados para sembrar la confusión internacional y que terminan ocasionando una desinformación generalizada. Ahora bien, si nos preguntamos quién o quiénes se encargan de divulgar esos vídeos por la red y con qué fin, se trata de un asunto que puede dar lugar a diversas hipótesis y una de ellas puede ser incluso el contraespionaje selectivo del que hablamos en el anterior caso, pero llevado a un extremo que sobrepasaría los límites de la legalidad.

Durante el mes de febrero la Unión, propuso un plan de acción en conjunto para ambos países, con la expectativa de que fuera aceptado y dejando claro que esa proposición no estaba enfocada en un punto crítico en concreto, sino que estaba encaminada a romper definitivamente con los patrones reiterativos de violencia y enemistad. Mientras tanto, en el terreno la OTAN ya había intervenido aumentando paulatinamente el número de soldados, quienes venían sufriendo diversos ataques, dejando soldados heridos a su paso.

El mes previo a las elecciones de Kosovo, ninguno de los dos países daba su brazo a torcer, lo que implicó que las conversaciones mantenidas para lograr normalizar sus relaciones con la comunidad internacional como intercesora, no dieran los resultados esperados. Y es que, los líderes de los territorios en disputa, no eran capaces de mirar adelante, concentrándose únicamente en quién hizo qué y cuánto daño le hizo al otro. Lo que nos hace recordar una célebre frase de William Shakespeare *"Cuidado con la hoguera que enciendes contra tu enemigo; no sea que te chamusques a ti mismo"*.

De hecho, es conveniente en este instante hacer referencia a ese "quién hizo qué al otro" pues nos dará la cobertura necesaria para comprender con fundamento qué sucedió cuando se desarrollaron las elecciones en Pristina finalmente.

Y es que, en uno de esos vaivenes de diálogos realizados entre los dirigentes de Serbia y Kosovo para intentar llegar a un acuerdo con la finalidad de normalizar sus relaciones, la presidenta de Kosovo *Vjosa Osmani*, adelantó que Kosovo reconocería la autonomía de los municipios con mayoría de civiles serbios, sí definitivamente la declaración de independencia kosovar era reconocida por Serbia.

Llegó el momento de las elecciones del mes de abril[99] y el resultado fue un boicot en las urnas, organizado desde el gobierno de Serbio. El sabotaje consistió en hacer un llamamiento a esa mayoría serbia residente en los municipios del norte de Kosovo donde se llevarían a cabo las elecciones, Zubin Potok, Zvecan, Leposavic y Mitrovica Norte, para instarlos a no participar en las elecciones pro-

---

99 En el mes de abril y previo a las elecciones, la Unión Europea aprobó la exención de visados para los ciudadanos kosovares, lo que implica que éstos pueden viajar a la UE sin visado y por 90 días. Vía: *Visto bueno definitivo a la exención de visados para ciudadanos de Kosovo | 17-04-2023 | Noticias | Parlamento Europeo (europa.eu)*

vocando así una abstención en masa. Además, el presidente serbio *Aleksandar Vucic,* comunicó oficialmente ante los medios que, el partido político serbio con mayor peso en la zona llamado "Lista Serbia" no participaría en el proceso electoral.

El argumento utilizado por Serbia para justificar el sabotaje, fue el incumplimiento por parte de Kosovo al no haber reconocido la autonomía a esos municipios, tal y como dijo que haría. Ante estos hechos, el gobierno kosovar esperaba que el número de votantes fuera reducido y llegado el día, celebró las elecciones.

La ley electoral kosovar no tiene contemplado un mínimo de participación para declarar inválidas unas elecciones, es por ésto que, ante la abstención mayoritaria de votantes serbios los votos de los albaneses fueron los contabilizados y como cabía esperar, una vez celebradas las elecciones los cargos electos quedaron cubiertos por funcionarios de etnia albanesa.

Las protestas y los disturbios volvieron a intensificarse cuando Kosovo se dispuso a investir a los nuevos alcaldes de los municipios del norte, siendo necesario que la OTAN enviase a más miembros para dar soporte a la KFOR, pues al menos treinta de ellos fueron heridos y las autoridades de la zona no podrían contener por mucho tiempo a la masa enfurecida que comenzó a concentrarse frente a los edificios públicos[100].

Contemplando el escenario, el presidente serbio puso a su ejército en alerta máxima de combate. Con todo, la Unión Europea expresó que realmente Kosovo procedió legítimamente al seguir su ley electoral, la cual es acorde a Derecho, sin embargo, le comunicó la necesidad de repetir las elecciones para así volver a rebajar las tensiones y a Serbia le dejó claro que no volviese a realizar ningún tipo

---

100 De hecho, a fecha de 4 de junio de 2023 el Departamento de Seguridad Nacional del Gobierno de España, anunció en unos de sus comunicados realizados en su página web oficial referentes a la Unión Europea y la OTAN, sobre los sucesos entre Kosovo y Serbia, correspondientes a noticias de última hora que, está previsto que la OTAN envíe a más unidades para aumentar las capacidades de la KFOR, y además, a petición de la UE el Ministerio de Defensa turco enviará batallones de refuerzo. Nota completa: *UNIÓN EUROPEA / OTAN – SERBIA / Kosovo | DSN*

de llamamiento ciudadano para boicotear el proceso electoral nuevamente.

Estados Unidos, reprochó a ambos países su actitud y el no llegar a un consenso, pese a los intentos realizados por la UE en las jornadas de diálogos. Además, mostró su máxima disconformidad hacia la violencia ejercida sobre los miembros de la KFOR e incluso argumentó que, la medida llevada a cabo por Kosovo de disponer a las fuerzas de seguridad kosovar ante los edificios públicos, fue un elemento detonador que agravó las tensiones aún más.

La portavoz del Ministerio de Asuntos Exteriores de China, *Mao Ning*, expresó el desacuerdo del país asiático respecto de la gestión del gobierno kosovar en las elecciones, y además, manifestó su apoyo hacia Serbia y su actitud de defender la soberanía de su territorio, incluyendo un llamamiento a la OTAN invitándole a respetar la integridad territorial del país.

Dicho apoyo de China hacia Serbia, viene consolidándose desde hace años, dando lugar a una muy buena relación con el país asiático, manifestándose a través de distintos acuerdos económicos y comerciales, sin pasar por alto las acciones de cooperación entre ambos países. De hecho, China se encuentra muy presente en el territorio serbio y no únicamente en el ámbito de inversiones, pues se encargó de construir diversas infraestructuras e incluso enviarle armamento.

Como sucedió en 2022, cuando el presidente serbio le compró a China misiles tierra-aire HQ-22[101], los cuales llegaron al país en seis aviones de transporte chinos y supuso un gran revuelo para los medios de comunicación internacionales al ser, como ellos titularon "*la primera vez que un país europeo compraba este tipo de armamento*". Lo que ocasionó una reacción de desconfianza y desconcierto por parte de la OTAN, teniendo presente los esfuerzos invertidos por intentar

---

101 Información sobre los misiles tierra-aire HQ-22: "*El sistema de misiles antiaéreos de alcance medio HQ-22 (HongQi-22, Khuntsi-22, Red Banner-22) está diseñado para destruir aviones, vehículos aéreos no tripulados, misiles de crucero y helicópteros del enemigo en todas las altitudes de su aplicación de combate, día y noche, en cualquier condición climática con tracción radioelectrónica activa por parte del enemigo*" Vía: Missilery.info | Base de datos de misiles. Descripciones y especificaciones.

crear una estabilidad entre Kosovo y Serbia y además, por tener a sus tropas desplegadas por todo el territorio.

De cara al futuro, China y Serbia cuentan con proyectos en diversos sectores.

Ahora bien, el por qué de esta constante y sobre todo de su inicio en cuanto a entablar una relación cercana entre ambos países, pese a sus diferencias territoriales, sociales y culturales, lo encontramos en el pasado de la antigua Yugoslavia, pues si bien antes el país asiático presentaba más hermetismo, poco a poco comenzó a fijarse en el sistema económico y político de Yugoslavia, el cual le generaba mucho interés. Posteriormente, conforme fue ganando apertura en cuanto a la comunidad internacional, comenzó a establecer contacto con Serbia y de ahí, el trato que mantienen en este presente.

## LOS HECHOS MÁS RECIENTES

A día de hoy, en pleno conflicto y con la UE advirtiendo de que de no retomar los diálogos y poner fin a las disputas por parte de Serbia y Kosovo, habrá consecuencias, la ministra de asuntos exteriores kosovar comunicó que, el país *"no se cierra a repetir las elecciones, no obstante, serán necesarios otros elementos previos"*. Por su parte la presidenta de Kosovo asistirá al Parlamento Europeo[102], pues tendrá lugar una sesión formal en Estrasburgo, donde mantendrá conversaciones con los eurodiputados, por lo que habrá de estar atentos a los próximos acontecimientos.

Serbia, se mantiene en su discurso mientras enfrenta problemas internos, pues afronta diversas protestas ciudadanas debido a la violencia que se respira en el ambiente. Y es que, los manifestantes acusan al gobierno de promover la violencia y piden la dimisión del ministro del Interior y del Jefe de los Servicios de Inteligencia del país,

---

102 Noticia Parlamento Europeo: *La presidenta de Kosovo, Vjosa Osmani, interviene ante el Parlamento Europeo | 12-06-2023 | Noticias | Parlamento Europeo (europa.eu)*

además, exigen que se revoquen licencias de programas de televisión por promover contenido agresivo.

Estas oleadas de manifestaciones vienen sucediendo tras varios incidentes, donde las armas y las agresiones han sido las protagonistas.

Tanto es así, que los tiroteos están a la orden del día en el territorio serbio, siendo uno de los últimos protagonizado por un menor de 13 años, quien en su colegio arremetió contra nueve compañeros y un guardia, según hacen saber los medios de comunicación internacionales[103].

En cuanto a sus relaciones internacionales al margen de la Unión Europea, pues ya sabemos cual es el panorama actual, Serbia y Estados Unidos continúan desempeñando actividades de cooperación destinadas a formar a comandantes de ejército y además, en materia de Ciberdefensa[104].

En lo que respecta al terreno de la Ciberinteligencia, Serbia cuenta con la BIA, cuyo acrónimo se corresponde a *"Bezbednosno Informativna Agencija"* y se trata de su Agencia de Servicios de Inteligencia fundada en 2002[105] siendo el organismo que se encarga de velar por la seguridad e intereses del país.

Un dato de interés sobre la página web de la Agencia es que, los datos y noticias que denominan "destinados al público y de interés ciudadano" no se encuentran publicados, sino que, requieren de una petición previa mediante cumplimentación formulario. Además, no se encuentran publicaciones recientes. Lo que puede deberse a su interés por preservar la confidencialidad del país, más allá de los medios de comunicación, ello motivado por el contexto geopolítico actual de la zona. O puede tratarse meramente a una falta de actividad

---

103 Noticia BBC: *Detienen a un menor de 13 años por ataque en una escuela en Serbia en el que murieron al menos 8 alumnos y un guardia - BBC News Mundo*

104 Noticia Sputnik, Defensa: *Serbia y EEUU acuerdan fortalecer su cooperación militar —07.06.2023—, Sputnik Mundo (sputniknews.lat)*

105 Marco legislativo serbio para la creación de la BIA: *Official Gazette of the RS, No. 42/2002, 111/2009, 65/2014 - Constitutional Court Decision, 66/2014 and 36/2018*

en la página web, lo cual no sería plausible teniendo presente que se trata de un Servicio de Inteligencia nacional.

De otro lado, Serbia también dispone de la VBA "Војнобезбедносна агенција / *Vojnobezbednosna agencija*" o lo que es lo mismo, su servicio de Inteligencia Militar.

Estos servicios se aúnan a los prestados por empresas internacionales cuyas labores se centran en el monitoreo de amenazas webs y seguridad de equipos informáticos. Lo que es un claro indicador de que poco a poco Serbia, está trabajando por actualizarse en Ciberinteligencia para integrarse al ciberespacio y al mismo tiempo aprovechar todos sus recursos en base a unas buenas estrategias geoeconómicas.

Ahora bien, si nos preguntamos qué tipo de estrategias geoeconómicas puede aplicar Serbia, las respuestas las encontramos en sus datos.

- Ubicación: el país se encuentra en un punto clave de los Balcanes que le permite tener un buen acceso a rutas comerciales, tanto por tierra como por mar. Destacando sus relaciones comerciales con China y lo que ello implica en la Ruta de la Seda, pues se convierte en un país que conecta a Europa con el País asiático.
- Recursos naturales y potencial energético: según la ficha país del ICEX[106] destaca por su potencial en Hidroelectricidad y Carbón[107]. Y en menor medida, gas natural. Contando también con un amplio abanico de minerales y tierras agrícolas.

Estos elementos sumados a su comercio interno, le hacen convertirse en un país que de cesar en los conflictos con Kosovo, tiene un gran potencial para ser un buen competidor económico, lo que explica el interés ruso.

---

106 ICEX:Instituto español de comercio exterior.

107 Ficha-país ICEX correspondiente anualidad 2020: DAX2022914047.pdf (icex.es)

Y en cuanto a la Unión Europea, contar con Serbia le favorece de cara a expansión y ejecución en sus proyectos para la transición energética.

Kosovo por su parte, cuenta con la AKI *"Agjencia Kosovare e Inteligjencës"* como Agencia de Servicios de Inteligencia[108] quien colabora con otras agencias de diversos países. Al igual que sucede con la página web serbia, la de los Servicios de Inteligencia kosovar, no cuenta con información ni noticias nacionales actualizadas a las que puedan acceder los ciudadanos.

No obstante, ha de tenerse en cuenta que necesita de más capacidades y recursos propios en cuanto a Inteligencia para crear estrategias efectivas que garanticen la seguridad del país, asunto algo complejo actualmente teniendo en cuenta el panorama, donde no encuentra respiro para su desarrollo al encontrarse saltando de conflicto en conflicto.

En lo relativo a Ciberinteligencia, tomando en consideración el volumen de informaciones existentes en internet y sobre todo en las redes sociales alusivas a las contiendas ciudadanas, posturas políticas de los dirigentes de ambos países y declaraciones de la comunidad internacional, no se debe pasar por alto que dentro de esa misma información pueden propagarse *fake news* y datos confusos e inciertos. Es decir, que las campañas de desinformación pueden estar presente.

Recordemos lo mencionado anteriormente acerca de los videos virales divulgados a través de distintas plataformas de redes sociales, con imágenes de trifulcas entre civiles y soldados, ante los cuales las autoridades tuvieron que actuar con rapidez y emitir comunicados para aclarar su falsedad y añadir que no se correspondían a los sucesos acaecidos en esos momentos en la zona.

Por todo esto, Kosovo precisa de más acciones colaborativas en la materia, para lo cual puede servirse de la Unión Europea y así aumentar sus competencias en Ciberinteligencia, para que su capacidad de control de la información en el ciberespacio sea más viable.

---

108 Marco legislativo kosovar para la creación de la AKI: *No. 03/L-063. Con base en el art. 65.1 de la Constitución de la República de Kosovo.*

De lo contrario, actualmente puede convertirse en un blanco fácil para los ciberdelincuentes y ser susceptible de padecer diversos ciberataques que comprometan aún más la estabilidad del país.

Además, la aplicación de la Ciberinteligencia dentro del marco de la geoeconomía para generar unas estrategias efectivas, que busquen el desarrollo económico y expansión hacia mercados tecnológicos, es un aspecto a explotar a día de hoy por parte de Kosovo.

Asimismo, su controvertida situación derivada de las constantes tensiones y estallidos de violencia, lo colocan en una posición delicada en términos geoeconómicos. Siendo de añadidura la falta de reconocimiento de su independencia por parte de varios países de la comunidad internacional, factor que si bien no es excluyente, sí suficientemente limitante como para suponer una traba a su desarrollo económico a la hora de establecer negocios a gran escala.

Sin embargo, con estrategias geoeconómicas centradas en explotar sus puntos fuertes puede encaminarse de manera razonable hacia una postura de futuro competidor.

- Ubicación: como ocurre con Serbia, al estar situada en los Balcanes tiene buenas conexiones para las rutas comerciales y los transportes de mercancías. Además, sus vecinos Montenegro y Macedonia reconocieron su independencia, lo que le ayuda a la hora de establecer relaciones para cooperar comercialmente y pactar acuerdos bilaterales con cada uno de ellos[109].
- Recursos naturales y potencial energético: su agricultura es potencial para las exportaciones y sus recursos minerales pueden aprovecharse de una forma óptima. Además, el país es rico en Lignito, un tipo de carbón que suele ser utilizado en centrales térmicas para producir energía eléctrica.

---

109 Las relaciones entre dichos países no siempre fueron estables, presentando en ocasiones temporadas de bastante tensión, ante las cuales la UE intercedió y se llegaron a firmar acuerdos para normalizar relaciones, buscar integración y estabilidad en las zonas. El interés de la Unión Europea reside en intentar que la zona de los Balcanes conforme una unidad estable.

En cuanto al lignito, conviene destacar que se trata de un carbón mineral altamente contaminante, por lo que su uso se está restringiendo paulatinamente, sin embargo, como sabemos la Unión Europea se encuentra realizando proyectos e inversiones en nuevas tecnologías para continuar avanzando hacia la transición energética, por lo que esas investigaciones podrían tener presente este factor y hallar la manera de usar el lignito con otros fines o al menos, no tan contaminantes. Lo que en un futuro puede suponer una ventaja para Kosovo, pues al disponer de un gran volumen del mismo, podría encontrar una fuente económica a la cual sacarle un alto rendimiento.

## RECAPITULACIÓN

Conociendo que aún a día de hoy las jornadas de diálogos entre Serbia y Kosovo deben desarrollarse, con la finalidad de normalizar las relaciones y alcanzar progresivamente una estabilidad a nivel político y social, no se cometerá la imprudencia en el presente libro de aventurarse a sentenciar si estos viejos adversarios lo lograrán o no.

No obstante, acudiendo a los antecedentes aquí plasmados y habiendo realizado un recorrido hasta la actualidad, puede decirse con holgura que precisará de varios esfuerzos para lograr un acuerdo real, efectivo y estable. Donde será menester que cada uno ceda parcialmente, realice un cambio en sus discursos y sobre todo, en sus mentalidades.

De hecho, en ese aspecto es donde deberán trabajar con más ahínco debido a su dificultad, ya que, la enemistad que arrastran desde antiguo es también compartida por su población y una sociedad siempre dispuesta a acudir a las armas ante cualquier quebranto, sin ni siquiera tomar en consideración otra vía de resolución de conflictos, es una bomba de relojería que como hemos visto, siempre terminará estallando.

Elemento que no es de extrañar, pues sí sus propios dirigentes son quienes presuntamente los incitan, se conforma un círculo vicioso que difícilmente se detendrá, lo que nos hace plantearnos varias cuestiones al respecto, sobre cómo evolucionará su población en los próximos meses y qué espera ésta de sus líderes.

Pues esperable es sin lugar a dudas, esa normalización de relaciones entre el presidente serbio y kosovar, la cual podría no sólo basarse en ceder y adoptar mentalidades más centradas en el futuro, sino también, en detectar necesidades y vulnerabilidades propias y que el otro pueda cubrir. Pues este aspecto en términos de Inteligencia, se trataría de estrategias centradas en los intereses nacionales y mitigar vulnerabilidades es siempre uno de los factores más relevantes en cuestiones de seguridad nacional y además, conveniente para la estabilidad económica.

En cuanto al papel de la Unión Europea como mediadora constante e incansable, si bien es cierto que Serbia y Kosovo a día de no son países miembros, ya que, deben proseguir en su tarea de adecuarse a los requisitos contenidos en los 35 capítulos que conforman la base de las negociaciones de adhesión[110], se trata de dos candidatos potenciales fundamentalmente por su ubicación estratégica,

pues al estar localizados en los Balcanes, como hemos comentado anteriormente, eso les hace tener una excelente disposición en rutas comerciales marítimas y terrestres, lo que a la UE la colocaría en una posición ventajosa geoeconómicamente hablando, pues también le beneficiaría en cuanto a su expansión territorial.

Sin embargo, pese a todos los intentos realizados hasta la fecha, aún no se ha alcanzado el objetivo principal debido a la enemistad entre ambos países, lo que en un futuro podría colocar a la Unión Europea en una situación comprometida, pues como ha venido avisando a Kosovo y Serbia, de mantener esa actitud más tiempo, las consecuencias pueden se varias. Así pues, habrá de estarse atento a las novedades que se vayan sucediendo, así como a los avances y cumplimientos de las propuestas renovadas que ambos países entregaron a la UE a principios de año[111]

---

110 Vid.: Listado de los 35 capítulos. Comisión Europea: *https://neighbourhood-enlargement.ec.europa.eu/enlargement-policy/conditions-membership/chapters-acquis_en*

111 Vid.: Parlamento Europeo. Fichas temáticas sobre la Unión Europea. Relaciones Exteriores. Los Balcanes: *Los Balcanes Occidentales | Fichas temáticas sobre la Unión Europea | Parlamento Europeo (europa.eu)*

Otro aspecto a resolver continuando dentro de la Unión Europea es el relativo a la independencia de Kosovo, la cual no ha sido reconocida por España, Chipre, Grecia, Eslovaquia y Rumanía, tema de suma importancia debido a que le podría suponer un estancamiento en su proceso de adhesión a la UE, de no obtenerse unos resultados positivos después de realizar los correspondientes debates y sesiones de negociación, aunque aún hay países que, pese a no reconocer su independencia como estado, no se han pronunciado definitivamente sobre su postura acerca de si aprueban o no la entrada de Kosovo en la Unión Europea.

De hecho, España se trata del único país a día de hoy que no ha aplicado la exención de los visados para los ciudadanos kosovares, lo que implica que la libre circulación de los ciudadanos de la UE, en España no se brindará a la población de Kosovo[112]. En cuanto a su argumentación para negarse a reconocer su independencia, según las palabras del actual presidente Pedro Sánchez, el gobierno español opina que una declaración de independencia presentada de forma unilateral no es conforme a derecho y además, viola el Derecho Internacional.

Factor que, como hemos ido viendo a lo largo del presente caso, ya fue objeto de debate internacional y pronunciamiento mediante emisión oficial de una opinión consultiva por parte de la Corte Internacional de Justicia, quien expresó que Kosovo no violó el Derecho Internacional al declararse independiente de Serbia unilateralmente.

Por su parte, Estados Unidos muestra una actitud cooperativa y orientada hacia la motivación de los diálogos por parte de Serbia y Kosovo, hecho que hemos visto a lo largo de los años y de manos de diversos presidentes estadounidenses, aunque actualmente y al igual que la UE, su postura va inclinándose más hacia una exigencia de normalización de las relaciones, que hacía una mera petición, lo cual resulta lógico debido a lo crítico del contexto existente.

---

112 Vid.: *España se desmarca de UE y no aplicará la exención de visados a Kosovo (thediplomatinspain.com)*

Otros actores con claros intereses en este sentido, son Rusia y China quienes claramente se decantan por Serbia y el no reconocimiento de la independencia de Kosovo, lo cual dificulta aún más el contexto geopolítico teniendo en consideración la guerra actual entre Rusia y Ucrania, donde también la intervención del país asiático está presente.

Según juegue Serbia sus cartas podría beneficiarse de estas potencias o bien, quedarse a medio camino en alguno de sus planes políticos, pues de otro lado no debe olvidar la presencia de la OTAN, a quien no le genera confianza en los últimos tiempos, aunque continúe desarrollando un papel activo en sus misiones de cara al mantenimiento de la seguridad y estabilidad de ambos países.

Se trata de un escenario convulso y con un alto nivel de dificultad, al cual se le puede sumar aún más complejidad si las campañas de desinformación existentes en el ciberespacio comienzan a ganar un papel predominante, pues si la confusión internacional y el desconcierto ante los comportamientos de los líderes de ambos territorios se alinean, las expectativas no serían muy favorables en cuanto al desenlace final.

No obstante, más que un " queda esperar" sería más adecuado un "queda actuar" ante esta situación y hacer un llamamiento hacia esos pilares fundamentales sobre los cuales descansan los Estados de Derecho y colocarlos como elementos prioritarios, en aras de velar por una garantía efectiva de la seguridad y estabilidad internacional, pues ese es el interés más valioso que debería ser salvaguardado.

*Capítulo 5*

# *El caso Chipre-Turquía: el caballo de Troya de la Unión Europea y la OTAN*

Como si de un efecto mariposa se tratara, el caso que vamos a ver a continuación es otro de los conflictos que trae de cabeza a la comunidad internacional en la actualidad y sobre todo, a la Unión Europea y la OTAN. Pues como hemos venido comprobando hasta el momento, el escenario geopolítico se encuentra en un momento crítico, pero para entender a qué nos referimos, comencemos por el principio...

## ANTECEDENTES

Pocos son los enfrentamientos de mayor magnitud entre países y que afectan a todos los actores internacionales que no vienen desde antiguo, siendo esos sucesos del pasado los que continúan acondicionando el presente y poniendo en suspenso al futuro, como sucede con la isla de Chipre y Turquía.

El nombre de Chipre, se le otorgó por ser una isla rica en cobre y el término etimológicamente proviene del griego antiguo "*Κύπριος*" cuya lectura sería "*Kipros*" y del latín "*Cyprus*"[113].

---

113 Etimología Chipre. Vía: *CHIPRE (dechile.net)*

**Mapa antiguo Isla de Chipre**

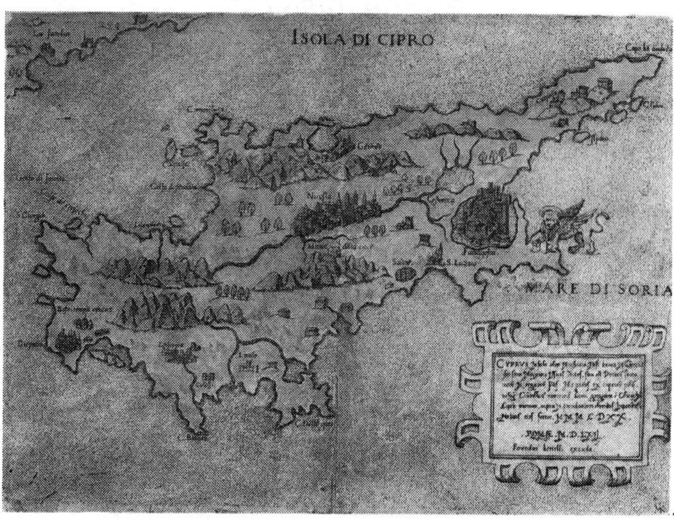


Via: mapasdelmundo.net

Viene sembrando su historia desde el año 7000 a.C y es que, sus recursos y posición estratégica eran factores bien sabidos por quienes fueron tomando el control de la isla a lo largo de la historia.

Sobre el 1200 a.C los micénicos[114] se establecieron en Chipre y se trató del primer contacto de los habitantes de la isla con la cultura griega, posteriormente llegaron los fenicios sobre el s.IX y comenzaron a establecer colonias, sumándole a la cultura de Chipre más riqueza.

En el siglo VI aparecieron los persas en la escena, quienes tomaron la isla pese a los intentos de los griegos por recuperar el control, hasta el año 331 a.C cuando Alejandro Magno la conquistó finalmente. Después de su fallecimiento, la isla quedó bajo el control de uno

---

114 Micénicos: "*Entre el 1600 a. C. y el 1150 a. C. se desarrolló en Grecia la cultura llamada micénica, que obtuvo esa denominación por ser la ciudad de Micenas el primer sitio arqueológico en el que se encontraron elementos de esta cultura*" Vía: La cultura micénica - El Historiador.

de sus generales grecomacedonio, Ptolomeo, quien al convertirse en gobernante de Egipto, fundó la dinastía Ptolemaica[115].

Más adelante, Chipre fue tomada por el Imperio Romano en el 58 d.C y paulatinamente se fue introduciendo en el territorio la religión cristiana. Hecho por el que posteriormente el Emperador Diocleciano en el 293 d.C tras dividir el Imperio Romano incluyó a la isla en su parte oriental, que más tarde conformó el Imperio Bizantino, cuya capital era la antigua Constantinopla, actualmente conocida como Estambul, destacada ciudad de Turquía.

Durante la celebración del Concilio de Éfeso[116] en el año 431 a Chipre se le reconoció independencia jurisdiccional[117]. Sin embargo, debido a que la isla cuenta con una ubicación clave en estratégicamente hablando, continuó siendo invadida, en este caso por los árabes en el año 688, quienes terminaron compartiendo los ingresos de Chipre con el Imperio Bizantino. Puesto que, ninguno de los dos bandos quería renunciar a ella y decidieron que lo mejor sería llegar a ese acuerdo en vez de lanzarse a las armas, hasta el año 965 que el Imperio Bizantino recuperó el control gracias al Emperador Nikiforos Focás.

---

115 Nota sobre la dinastía ptolemaica. Vía worldhistoey.com: "*La dinastía ptolemaica controló Egipto durante casi tres siglos (305-30 a.C.), cayendo finalmente frente a los romanos... Uno de los aspectos únicos y a menudo mal entendidos de la dinastía ptolemaica fue que nunca se volvió egipcia. Los Ptolomeos coexistieron como faraones egipcios y como monarcas griegos. Permanecieron completamente griegos en todos los aspectos, tanto en su idioma como en sus tradiciones.*" Dinastía Ptolemaica - Enciclopedia de la Historia del Mundo (world history.org)

116 Concilio de Éfeso: los concilios se trataban de reuniones o asambleas donde las autoridades religiosas (ortodoxa o católica) aclaraban temas controvertidos acerca de la religión o doctrinas sobre las que no había un consenso. Para conocer qué se desarrolló durante el Concilio de Éfeso, Vid.: hf p-xii_enc_08091951 sempiternus-rex-christus.pdf (vatican.va)

117 El término empleado en aquella época para hablar de independencia fue carácter "autocéfalo". Término proveniente del griego "αὐτοκέφαλος" formado por el prefijo griego "αὐτός" que significa "de o por sí mismo" y el sustantivo "κεφαλή" cuya traducción es "cabeza". Por lo que, una traducción interpretativa puede dar como resultado autogobierno o independencia.

Más tarde, la isla fue tomada por el Rey Ricardo I de Inglaterra, también conocido como Ricardo Corazón de León, en el año 1191. Quién la vendió a los Caballeros Templarios, aunque este período fue breve y no duró más de ocho meses, ya que, los Templarios le devolvieron el territorio al Rey Ricardo. Siendo el motivo de la devolución las revueltas que los habitantes de la isla estaban ocasionando.

Por lo que, nuevamente la isla se vendió y en este caso fue a *Guido de Lusignan,* un caballero cruzado de la casa *Lusignan* que fue rey consorte de Jerusalén. El linaje de los lusignan gobernó Chipre durante un largo período, dejando a su paso un largo listado de reyes, hasta que uno de ellos Jacobo II de Chipre, murió en 1473 tras haber contraído matrimonio con Caterina Cornado, perteneciente a la nobleza veneciana.

Ésta se encontraba embarazada, así que actuó en Chipre como reina regente. Sin embargo, su hijo también murió poco después de nacer, por lo que la influencia de la nobleza veneciana fue calando sobre Caterina poco a poco, quien terminó por ceder el control de la isla a la República de Venecia.

Chipre al mismo tiempo, años atrás entró en una etapa difícil y se había convertido en un estado tributario del Sultanato Mameluco de Egipto.

Por su parte, el Imperio Otomano venía expandiéndose, por lo que los venecianos ante la amenaza inminente de una ocupación en Chipre, comenzaron a fortificar ciudades. Sin embargo, en 1571 tuvo lugar el asedio en la ciudad chipriota de Famagusta, quedando definitivamente la isla bajo el control del Imperio Otomano.

Quienes progresivamente fueron imponiendo a los habitantes de la isla el Islam.

A lo largo del s.XIX, concretamente en el 1839 a 1879 y con los países de la zona europea ganando interés en la isla, se vivió dentro del Imperio Otomano el período del Tanzimat[118], que consistió en una reestructuración del sistema de organización asentado hasta la fecha. Siendo en las áreas donde prestaron más atención la militar,

---

118 Tanzimat, del turco "regulación y organización".

administrativa, financiera, educativa y social. La necesidad de dicha transformación se generó por las influencias europeas y la petición popular de una renovación.

Diversos eventos se fueron sucediendo, entre ellos, la guerra rusoturca de 1877 a 1878, que como vimos durante el desarrollo del caso Rusia-Ucrania al comienzo de este libro, terminó mediante la firma del Tratado de San Stefano[119]. Entre junio y julio de 1878 se celebró el Congreso de Berlín[120] siendo su presidente *Otto Von Bismark*, con la finalidad de revisar dicho tratado, pues Gran Bretaña y el Imperio Otomano consideraban que éste último resultó la parte más perjudicada en el acuerdo a diferencia de Rusia. Como fruto de la celebración de dicho Congreso, se firmó el Tratado del Congreso de Berlín, en el cual se realizaron diversos repartos de territorio.

No obstante, se realizó un pacto secreto entre Gran Bretaña y el Imperio Otomano, donde éste cedió la administración y ocupación de Chipre a cambio de protección frente a Rusia, es decir, se estableció un protectorado, debido al ritmo de expansión que estaba teniendo en esos momentos. Aunque oficialmente, la isla continuaba siendo del Imperio Otomano.

Ahora bien, si nos preguntamos cuál era el interés de Gran Bretaña para ejecutar tal maniobra de protección hacia Chipre, la encontramos en su primer ministro *Benjamin Disraeli*, quien también se encargó de firmar ese pacto con el Imperio Otomano, pues dos años antes en 1875 instó a la Corona de Gran Bretaña a comprar participaciones del Canal de Suez, aprovechando que Egipto las puso en venta por su nivel de deuda externa. Y Chipre, contaba con la ubicación estratégica perfecta.

Pues controlando Chipre, su posición para resguardar el Canal de Suez aumentaba significativamente. Y además, realizando una ocupación sobre el territorio, podía asentar una de sus bases militares y por ende, su ejército ganaba capacidad de respuesta ante cualquier indicio de ataque o pérdida de control por los motivos que fueren.

---

119 Vid. Ref. nº 80.

120 Los países que participaron en el Congreso de Berlín fueron Gran Bretaña, Austria-Hungría, Francia, Alemania, Italia, Rusia y el Imperio Otomano.

En este caso, encontramos un claro ejemplo de lo que es una estrategia geoeconómica.

Durante la Primera Guerra Mundial Gran Bretaña se anexionó formalmente la isla, después de que el Imperio Otomano —en adelante, Turquía— estableciera una alianza con Alemania. Posteriormente en 1923, Turquía lo aceptó y así quedó reflejado en el art. 20 del Tratado de Lausanne[121]. De hecho, en el art. 21 del tratado quedó especificado que toda persona que se quedase en la isla, perdería la nacionalidad turca y pasaría a ser británica. En el caso de querer conservar su nacionalidad, tendría que abandonar Chipre.

Esta nueva legislación supuso para los habitantes de la zona la chispa que terminó de detonar los ánimos, pues desde hace tiempo la población venía protagonizando revueltas, dado que los greco-chipriotas deseaban una unión con Grecia, por sus vínculos históricos y sentirse identificados con ella, lo que se conoce como *Enosis*[122]. Y además, la población en sí ya mantenía conflictos, es decir, existían disputas internas entre greco-chipriotas y turco-chipriotas.

En 1955 aunque Grecia estaba dispuesta a atender las demandas de los greco-chipriotas, Gran Bretaña no lo permitió, lo que ocasionó que el arzobispo de Chipre Makarios III, quien era defensor de la *enosis*, apoyase a la EOKA, acrónimo de "*Ethniki Organosis Kyprion Agoniston*" cuyo significado es Organización Nacional de Luchadores Chipriotas, que fue creada por un militar griego nacido en Chipre, el General Grivas. Lo que ocasionó una serie de cruentos ataques por toda la isla.

Por su parte, los turco-chipriotas de la isla, comenzaron a emitir su propia demanda, es decir, pedían lo que se conoció como "*taksim*" que significa "división" o "distribución" en turco. Y lo que solicitaban era que Chipre fuese dividida y que la parte correspondiente a la habitada por los turco-chipriotas, se uniese a Turquía. No obstante,

---

121 Vid.: Tratado de Lausanne. Tratado de Lausana - Archivo de documentos de la Primera Guerra Mundial (byu.edu)

122 Enosis: del término griego "Ενωσις" que significa "unión". Se conoce como "*enosis*" al movimiento de los greco-chipriotas que buscaban la unión con Grecia.

estos acontecimientos no fueron espontáneos, sino que comenzaron a darse después de que Gran Bretaña al ver la ola de violencia, exhortó a Turquía a defenderse.

Chipre se convirtió en zona de combate entre las dos comunidades cohabitantes y la EOKA continuaba actuando en ella, por lo que, Reino Unido contemplando el panorama y pensando que, con conservar una mínima parte de la isla sería suficiente para continuar vigilando el Canal de Suez desde sus bases militares, invitó a Grecia y Turquía, junto con los dirigentes de los greco-chipriotas y turco-chipriotas a firmar tres acuerdos para establecer un sistema político que lograse terminar con las disputas.

Esos acuerdos fueron los de Zurich y Londres, en 1958 y 1959. Aunque no fue de buen agrado de parte de los griego-chipriotas. Y en 1960 se promulgó la Constitución de Chipre[123]. Como resultado, se creó la República de Chipre, donde se reconocía a las dos comunidades en igualdad de derechos. Reino Unido, Grecia y Turquía, podrían intervenir en la República corría peligro.

El poder ejecutivo lo conformó un presidente griego-chipriota y un vicepresidente turco-chipriota, elegidos ambos por sus respectivas comunidades y con derecho a veto. El poder legislativo, fue elegido por la Cámara de los Representantes, las cuales estaban conformadas por representantes de cada comunidad, previamente elegidos por éstas.

En cuanto a la legislación, el acuerdo fue establecerla mediante mayoría simple y para evitar movimientos como la *enosis,* se prohibió la adhesión a cualquier organización, estado o conjunto de estados de los que Turquía o Grecia no fueran miembros.

A grandes rasgos lo que se hizo fue crear una división aparentemente ordenada o al menos esa era la idea, pues no sirvió de mucho, ya que, Makarios III quien fue el elegido como presidente por parte de los griego-chipriotas, comenzó a expresar las disconformidades

---

123 Vid. Constitución de Chipre 1960: *Comparador de Constituciones del Mundo. Proceso Constituyente | Biblioteca del Congreso Nacional de Chile (bcn.cl)*

de la comunidad, la cual no estaba nada contenta al considerar que a los turco-chipriotas, al ser minoría se les debía de reducir poderes.

Turquía no aceptó y en 1963 comenzaron nuevamente las contiendas entre las dos comunidades de Chipre, por lo que todo quedó en suspenso. Un año más tarde la ONU intervino debido a la escala del conflicto y creó la UNFICYP[124] o lo que es lo mismo, Fuerza de las Naciones Unidas para el Mantenimiento de la Paz en Chipre.

En ese mismo año, 1936 se creó una división de la isla, llamada la "línea verde" quedando también fraccionada su capital, Nicosia[125].

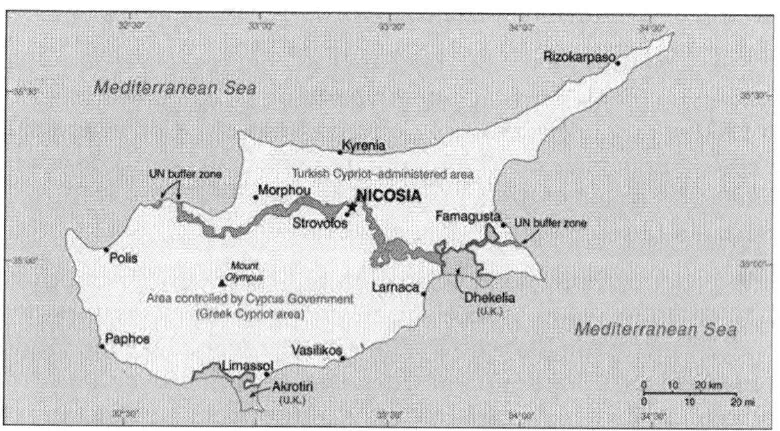


Imagen vía: The World Factbook - The World Factbook (cia.gov)

Y así los greco-chipriotas fueron desplazándose hacia la zona sur, mientras que los turco-chipriotas se fueron trasladando al norte paulatinamente.

---

124 Vid. Ficha informativa UNFICYP: *UNFICYP | Naciones Unidas Mantenimiento de la paz*

125 En la actualidad, la línea verde continúa establecida y es el punto de división entre las dos comunidades, siendo patrullada por las tropas de la UNFICYP de la ONU. Según la información proporcionada por el Ministerio de Asuntos Exteriores del Gobierno de España, la línea verde cuenta con siete puntos de cruce. Vid.: *Cruce de la Línea de Demarcación y estancia en el Norte de la isla (exteriores.gob.es)*

Los turco-chipriotas comenzaron a abandonar sus hogares por lo brutales ataques que se desarrollaron entre ellos y la EOKA-B[126]. No obstante, no sería lo único a lo que la isla debió enfrentarse, pues años más tarde en 1974 se vivió un golpe de Estado, en el que Turquía intervino con sus fuerzas armadas apoyándose en su poder garante, el cual había sido previamente reconocido en la Constitución de la República de Chipre.

Recordemos que, en los preceptos de la Constitución Chipriota, dicha operación únicamente podía ejecutarse cuando la isla estuviera en peligro y fue lo que alegó. Durante aquella época, se vivió lo que se conoció como "la Dictadura de los Coroneles[127]" en Grecia, con la que Makarios III no era afín.

La Guardia Nacional de Chipre estaba compuesta por oficiales griegos procedentes de Grecia y Makarios, al ver que eran una amenaza para la isla, pidió la dimisión de la mayoría de ellos, la consecuencia fue un golpe de estado liderada por éstos, destacando Nicos Sampson, quien defendía la EOKA y la *enosis*. Por su parte, Makarios abandonando Chipre, acudió al Consejo de Seguridad de la ONU, pidiendo que se retirara a la Guardia Nacional de Chipre de sus servicios y veinticuatro horas más tarde fue cuando intervino el ejército Turco, en lo que se conoció como "Operación Atila".

El elevado número de altercados entre ambas comunidades a lo largo de este transcurso temporal, aunado a las intervenciones militares en presencia de la EOKA-B, derivó en miles de ciudadanos refugiados, turco y greco-chipriotas, cada cual huyendo a sus respectivos territorios, por la brutalidad de los ataques y la constante sensación de persecución en Chipre.

---

126 La diferencia entre la EOKA, también conocida como EOKA-A y la EOKA-B, se encontraba en que, la primera buscaba una unión con Grecia, la enosis, mientras que la EKOKA-B, buscaba la independencia de Chipre como estado soberano. Además, se diferenciaron en sus líderes y maneras de enfocarse en las batallas. Siendo la EOKA-B más agresiva y violenta. Y a parte, cada una contaba con diferentes apoyos externos según los ideales que defendían

127 Dictadura extendida por Grecia, desde 1967 a 1974, conformada por militares de extrema derecha.

Grecia entró a formar parte de la Unión Europea en 1981 y con los nuevos líderes al mando, se trató de negociar una igualdad de derechos y garantías para ambas comunidades, sin embargo, dentro de esas negociaciones el lado greco-chipriota exigió una serie de condiciones que no fueron aceptadas, por lo que, sin atisbo de cambio Turquía procedió a establecer la República Turca del Norte de Chipre en 1983, sin reconocimiento internacional y únicamente reconocida por Turquía.

El motivo de esa falta de reconocimiento, se argumentó alegando que Chipre ya contaba con una regulación previamente establecida en su constitución e intentar establecer el norte como un estado a parte, no era legal según esta línea argumental. De ahí, que la postura griega de querer mantener la constitución y un estado bi-comunal, sí se considerase legítima y por tanto, apoyada por la comunidad internacional. Hecho que fue recriminado a lo largo del tiempo por Turquía.

En 1987 Turquía presentó solicitud formal de adhesión a la antigua Comunidad Económica Europea y en 1988 el greco-chipriota Giorgis Vasiliu, fue elegido presidente por la República de Chipre. Se intentaron entablar negociaciones con el Secretario General de la ONU como mediador, pero resultaron infructuosas.

En 1990 *Rauf Denktash* fue reelegido como presidente de la República Turca del Norte de Chipre y ese mismo año, Chipre firmó su solicitud de adhesión a la Unión Europea. De la lectura de la ficha temática nº1 del Grupo de Trabajo de la Secretaría General del Parlamento Europeo, datada del 1 de marzo del 2000[128], la cual versa sobre la adhesión de Chipre, se desprende que se consideró que la isla estaba siendo ocupada ilegalmente por Turquía, otorgándole así, el reconocimiento de legitimidad sobre Chipre a los greco-chipriotas:

> *"Aunque cumple sin problemas los criterios políticos y económicos para la adhesión, Chipre presenta una situación política particular: una parte de su territorio está ocupada ilegalmente por un tercer país, Turquía, y se ha autoproclamado República independiente, si bien no ha*

---

[128] Vid. Ficha temática nº1. Grupo de Trabajo de la Secretaría General del Parlamento Europeo. Luxemburgo, año 2000: *FT 1 rev. 6 ES 01.03.2000 (europa.eu)*

> *sido reconocida por la comunidad internacional. El proceso de paz está estancado*[129]*".*

En 1992 la ONU ratificó la independencia e integridad territorial de la isla.

En 1997 con otro cambio en la presidencia greco-chipriota que fue asumida por *Glafcos Klerides,* se pretendió unificar la isla con la intención de que ésta fuera incorporada posteriormente a la Unión Europea, quien venía apoyando en este proceso al bando griego-chipriota.

Y aunque, la reunificación no se llegó a concretar dado que el líder turco-chipriota no participó del intento, la Unión Europea comenzó a estudiar la posibilidad de que la parte griega de la isla fuera admitida como miembro de la UE.

En diciembre de 1999 se celebró una reunión en Helsinki, donde el Consejo Europeo concedió a Turquía la condición de país candidato para su consiguiente adhesión a la Unión Europea, mientras que a finales de 2002 ante los intentos frustrados por conseguir esa ansiada reunificación y posterior entrada en la UE, teniendo presente que ambos líderes no hallaban la manera para alcanzar un acuerdo, el secretario general de la ONU *Koffi Annan,* presentó el borrador de lo que después se conocería internacionalmente como "El plan Annan".

El borrador necesitó diversas modificaciones, no obstante, la idea continuó siendo la misma y es que, lo que *Koffi Annan* propuso para solventar la problemática de la división de Chipre, fue aplicar el modelo federal suizo.

Añadiendo además, que ambas partes Grecia y Turquía, serían igualmente representadas dentro de un estado indisoluble conformado por dos federaciones, la griega y la turca, introduciendo presidencias rotativas[130]. Contando con una voz única ante la Unión Europea, junto con el cumplimiento de los deberes que les son asignados a los estados miembros. Y lo más importante, la obligación de dejar los

---

[129] Vid. Ref. ant. Extracto literal. Pág 5 ficha temática.

[130] Vid., documento completo Plan Annan*: APPENDIX B (hri.org)*

conflictos del pasado enterrados y velar porque no hubieran nuevas insurrecciones en el presente o futuro bajo ninguna circunstancia.

Modificar las bases del Plan Annan, sumado a las discrepancias de ambos líderes, sus exigencias para tomarlo en consideración y proceder a su aceptación, requirió de tiempo, lo que implica que pasaron dos años más hasta que finalmente se celebró el referéndum para someterlo a votación, es decir en abril de 2004.

En contra de todos los pronósticos, los resultados quedaron tal que así[131]:

- El bando greco-chipriota votó en contra del plan, suponiendo esa negativa un 75,83% de los votos.
- Los turco-chipriota votó a favor del plan, ascendiendo la cifra de votos a un 64,90%

Por lo que el Plan Annan, terminó siendo un fracaso y la reunificación de Chipre, nuevamente quedó en suspenso y sin expectativas de alcanzar un acuerdo, al menos en ese instante.

Ahora bien, qué fue lo que sucedió para que los griego-chipriotas siendo quienes buscaban esa unificación, finalmente no aceptaran el Plan Annan. Pues bien, comentamos anteriormente que tanto Grecia como Turquía presentaron sus exigencias y que además, a ésta última le fue concedida la condición de país candidato para entrar a formar parte de la Unión Europea. Esto implica que aún debían iniciarse las negociaciones para continuar con el proceso de adhesión.

El presidente turco, siendo consciente de que la entrada de Chipre a la Unión Europea estaba próxima, intentó acelerar el proceso para que Turquía comenzase la fase de negociaciones para su adhesión. Ya que, temía que de ser miembro de la Unión Europea Chipre, antes que Turquía, pudiera ejercer derecho a veto y ello debido a las circunstancias que se habían estado viviendo en la isla.

Sin embargo, el tiempo para celebrar el referéndum del Plan Annan apremiaba, por lo que comenzó a realizar peticiones y éstas

---

131 Vid., resultado votos referéndum. Vía: *elmundo.es - El 76% de los grecochipriotas y el 35% de los turcochipriotas votan contra la reunificación de la isla.*

fueron tomadas en consideración. Ésto causó el rechazo de los greco-chipriotas y motivó votaran en contra en el referéndum, alegando que eran demasiadas las concesiones realizadas a favor de Turquía, colocándolos a ellos en una posición de desigualdad.

Por su parte, la ONU cerró la oficina de su enviado de paz en Chipre y la Unión Europea manifestó su aflicción ante los resultados, al mismo tiempo que comunicó que recompensaría a los turco-chipriotas que votaron a favor de la unificación de la isla. El presidente turco-chipriota *Denktash,* expresó que tras lo sucedido la comunidad internacional "*debería dejar de forzar a las dos comunidades a vivir juntas tras semejante fracaso, debido a su incompatibilidad para asociarse*".

El 1 de mayo de 2004 Chipre se convirtió formalmente en miembro de la Unión Europea y en diciembre el Consejo Europeo decidió que Turquía reunía los criterios necesarios para dar paso a las negociaciones y continuar con el proceso de adhesión. No obstante, pese a iniciar las negociaciones oficialmente en 2005, en 2018 el proceso se detuvo, al haber llegado a lo que el Consejo Europeo definió como un "punto muerto" en las negociaciones, al observar también que Turquía se había estado alejando de la Unión Europea.

Siguiendo con nuestra línea temporal, en 2005 los turco-chipriotas construyeron un puente peatonal sobre la "línea verde", lo que fue considerado por los griego-chipriotas como una violación. Sin embargo, el panorama volvió a cambiar en 2007, cuando ese mismo puente fue derribado por los turco-chipriotas y el bando griego lo contempló como un intento de acercamiento, a lo que respondieron demoliendo parte del muro que separa a las dos comunidades, lo que fue visto internacionalmente como un gesto de buena voluntad y que podía significar el acercamiento de los griegos y turco-chipriotas.

En 2008 tras un cambio de dirigentes dentro de ambas comunidades en Chipre, se volvieron a retomar las negociaciones y el Secretario General de la ONU volvió a la isla en 2010 para desempeñar su rol de mediador, aunque nuevamente quedó en otro intento más que se sumaba a la larga lista de planes frustrados.

Ese mismo año, un informe del Servicio Geológico de Estados Unidos comunicó que en el mediterráneo oriental, en aguas de Chipre[132] se encontraban *"más de tres billones de metros cúbicos de gas y 1.700 millones de barriles de petróleo"*. Hecho confirmado por la República de Chipre a finales del 2011 y este suceso generó tensiones nuevamente entre griegos y turcos, al abrirse debate sobre quién tenía legitimidad territorial para la explotación de esos recursos energéticos.

De hecho, en el presente se han continuado realizando hallazgos y teniendo en cuenta la situación derivada del conflicto entre Rusia y Ucrania, con la problemática de las reservas de gas que ha obligado al resto de países a buscar alternativas por la dependencia del gas ruso, las tensiones continúan entre Grecia y Turquía.

En 2015 la comunidad internacional pensó que podía ser posible una reconciliación que pusiera fin a las disputas y a la división de Chipre, pero no se logró. Ni siquiera en 2017, cuando ambas partes acompañadas por el Secretario General de la ONU se reunieron en Crans-Montana, Suiza, para entablar un diálogo donde se pudiera negociar las bases para solventar las diferencias existentes.

Dos años más tarde, Turquía comenzó a realizar perforaciones de gas en el mediterráneo oriental, lo que ocasionó diversos llamados de atención por parte de la Unión Europea exigiendo su detención, al declararlo como un acto ilegal que afecta a Chipre por realizar las perforaciones dentro de su zona económica exclusiva.

**Derecho Internacional Público**

Definición Zona Económica Exclusiva:

*"Área situada más allá del mar territorial y adyacente a este que se extiende hasta las 200 millas marinas medidas desde las líneas de base del mar territorial, sujeta a un régimen jurídico específico que comporta en beneficio del ribereño el reconocimiento de derechos de soberanía para la exploración y explotación, conservación y administración de los recursos naturales de las aguas suprayacentes al lecho y del lecho y el subsuelo del mar, de jurisdicción en relación con ciertas actividades y también competencias de policía y sancionadoras"*[133].

---

132 Incluyendo también las costas de Israel, la Franja de Gaza, Siria y Líbano.

133 Vid. Definición vía: *Definición de zona económica exclusiva - Diccionario panhispánico del español jurídico - RAE*. Para ampliar conocimientos se recomienda

Las zonas económicas exclusivas, se tratan de zonas sumamente importantes en términos de geopolítica y geoeconomía, hecho por el cual la postura turca comenzó a aumentar las tensiones dentro del ambiente internacional. Por lo que, entrados ya en el 2020, la respuesta de la Unión Europea fue congelar activos y prohibir la entrada de dos ciudadanos turcos que se encontraban implicados en los hechos denunciados sobre las perforaciones de gas. Insistiendo, además, en su deber de respetar la soberanía de Chipre sobre esas aguas.

## SUCESOS QUE ALIMENTAN LAS TENSIONES EN 2023

Por su parte, Grecia y Chipre firmaron un acuerdo con Israel que fue calificado de histórico, consistente en la construcción de un gasoducto submarino con una longitud de 1,900 kilómetros que recorrería el Mediterráneo Oriental, bautizado como "gasoducto EastMed" y el impacto del acuerdo fue notable, tanto en sentido positivo como negativo.

Contemplado desde una perspectiva favorable, semejante infraestructura tendría gran repercusión para las economías de los países intervinientes, dotándolos de una posición geopolítica predominante y además, supondría para la Unión Europea el logro de uno de sus mayores objetivos desde que comenzó la guerra de Rusia y Ucrania, que sería lograr definitivamente la independencia del gas ruso.

Ahora bien, la óptica negativa sobre este asunto es en primer lugar las tensiones que continúa generando. Principalmente con Turquía debido a su desconfianza ante esta alianza, que se suman a las viejas disputas procedentes de Chipre y las nuevas sobre la soberanía y delimitaciones territoriales en cuanto a la exploración y explotación de las aguas.

---

la lectura del Manual de delimitación de fronteras marítimas de las Naciones Unidas. 2001: *Handbook on the delimitation of maritime boundary_Spa.pdf*

De hecho, una de las potencias que brindó su apoyo ante esta iniciativa fue Estados Unidos y en 2022 procedió a retirarlo, alegando que se trataba de un proyecto inviable, no sólo por los costes, sino por el tiempo que tardaría en empezar a producir los resultados esperados para las economías y además, recuperar las inversiones.

Sin embargo, un sector de la opinión internacional presume que realmente la retirada de apoyo se trata de una estrategia geopolítica y que el verdadero motivo reside en no crear discordancias con Turquía, pues ésta se trata de una de sus aliadas y en los últimos tiempos, su relación con Rusia se está estrechando.

Como ha podido verse en los medios de comunicación en mayo de 2023, que tras la reelección del presidente turco Erdogán, éste apareció junto a Putin y se comentó que ambos países tenían diversos proyectos en común y bastante ambiciosos.

No obstante, no debemos olvidar que uno de los elementos que caracterizan a Turquía, son los movimientos en solitario y centrados en la búsqueda de sus propios intereses, aunque eso signifique ponerse en contra a gran parte de la comunidad internacional, por lo que ser tajantes en cuanto a la hora de su posicionamiento respecto de uno u otro país, sería precipitado. Además, ha de tenerse presente su relación con la OTAN, que aunque actualmente no sea de las mejores, se mantiene.

Adicionalmente, otro de los inconvenientes del gasoducto EastMed señalaron a la Unión Europea, pues distintas opiniones argumentaron que, si bien su uso terminaría con su dependencia del gas ruso, iría en contra de todos los proyectos y legislaciones establecidas para su efectiva transición hacia las energías limpias. Incluyendo dentro de esta línea argumental, el gasto millonario que supondría una infraestructura de tal magnitud. Lo que se resume en un proyecto altamente inviable.

En cuanto al gasoducto, en mayo de 2023 los medios de comunicación internacionales publicaron diversos artículos, donde sirviéndose de los comunicados emitidos por el ministro de energía chipriota *Papanastasiou,* en los cuales comunicó que en la isla se establecería una planta de licuefacción[134] en colaboración con Israel, también incluyeron su declaración sobre la paralización temporal del gasoducto.

Pese a ello, no se trata de los únicos proyectos en los que Grecia se encuentra inmersa en el presente, pues en lo que respecta al sector de las energías limpias y que implican a la Unión Europea, estableció con Egipto el "Interconector EuroAfrica" y contando con Chipre e Israel, el "Interconector EuroAsia[135]". Lo que lógicamente, no ayuda en cuanto a sus relaciones con Turquía.

Efectivamente, son varios los focos generadores de discrepancias entre ambos países, los cuales sumados a las posturas de los dirigentes, han estado obstaculizando una normalización de las relaciones. Un ejemplo de ello, lo encontramos en el presidente turco Erdogan, quien en varias ocasiones aprovechando la presencia de los medios de comunicación, ha lanzado frases lapidarias con referencias que aluden a guerras del pasado donde Grecia salió bastante perjudicada.

Como cuando pronunció la siguiente frase "… *Oye griego, mira a la historia, vuelve a la historia, si sobrepasas más el precio será pesado… Sólo tenemos una frase para Grecia: no te olvides de Izmir… cuando llegue el momento haremos lo necesario*[136]"

Este mensaje directo a Grecia, no se trata sólo de una referencia a los sucesos vividos durante la guerra greco-turca que tuvo lugar entre 1919 y 1922 donde Turquía arrasó completamente con Izmir[137] y gran parte de su población, sino que, es una advertencia en toda re-

---

134 Definición: "*instalaciones específicas para el tratamiento de gas natural, así como de diversas instalaciones auxiliares para la producción de vapor, bombeo de agua de mar o refrigeración, junto con el almacenamiento del GNL y las instalaciones de carga*" Vía: Licuefacción - OSL Iberia (osl-iberia.com)

135 Víd: Cronograma del proyecto | Interconector EuroAsia (euroasia-interconnector.com)

136 Fragmento traducido del discurso del presidente turco Erdogan. Vid. vídeo: *Mensaje de Erdogan a Grecia: "No te olvides de Izmir" - YouTube*

137 Más conocida en español como Esmirna: en la actualidad es la tercera ciudad más amplia de Turquía, situada en la costa del Mar Egeo, la cual fue creada por los griegos bajo el nombre de Smyrna, tomada por los otomanos en el s.VI.

gla, la cual pone de manifiesto la disposición de Turquía para poner en marcha a sus tropas en cualquier instante.

Y es que, el presidente turco exhortó a Grecia que detuviese su intento expansionista en las costas compartidas por ambos países, añadiendo además, que debía parar de militarizar las aguas. No obstante, no es una acusación unidireccional. Ya que, tanto Grecia como Turquía denunciaron constantemente violaciones cometidas sobre sus aguas.

Aunque no sería el único aspecto sobre el cual se recriminarían, dado que también lo hicieron sobre su espacio aéreo y terrestre. De hecho, Grecia aumentó la fortificación de su frontera terrestre que limita con Turquía. Ante lo cual argumentó que el motivo fue por el aumento de refugiados en la zona.

En cuanto a Chipre, las tensiones sobre la isla no se han rebajado y más aún desde que Estados Unidos levantó el embargo de armamento, el cual impuso en 1987 con la intención de reunificar Chipre tras el golpe de estado de los greco-chipriotas. Lo que alimenta la discordia con Turquía, quien criticó la decisión.

Ahora bien, si nos cuestionamos a qué se debió ese movimiento por parte de Estados Unidos, la respuesta la encontramos en que le hizo esa concesión a Chipre, a cambio de que continuase bloqueando la entrada de buques rusos a sus puertos. Pues desde que comenzó la guerra de Rusia y Ucrania, el cierre de puertos ha sido una de las medidas sancionadoras impuestas a Rusia por parte de la Unión Europea.

## SOLIDARIDAD EN TIEMPOS DE CATÁSTROFE

Contra todos los pronósticos, teniendo en consideración lo expuesto a lo largo del presente capítulo, los catastróficos sucesos vividos por Turquía recientemente, parecen haber ayudado a que las relaciones entre estos dos antiguos adversarios encontrasen un motivo que sirviera de base, para plantearse si sería posible un acercamiento paulatino, que calmase las tensiones acumuladas a lo largo de los años.

Todo comenzó cuando Turquía y Siria fueron azotadas en el mes de febrero por un terremoto con una magnitud de 7,8 y 7,5 en la escala Richter.

Alcanzando unas dimensiones calificadas internacionalmente como "apocalípticas", los terremotos dejaron más de 51.080 fallecidos y 107.204 heridos en Turquía y en Siria 8476 fallecidos y 14.500 heridos. Lo que activó las alarmas globales, así como la necesidad de una cooperación efectiva por parte de la comunidad internacional ante la crisis humanitaria padecida por ambos países.

Es en este punto, donde el papel desempeñado por Grecia significó un punto de inflexión para las relaciones entre griegos y turcos en un sentido positivo, ya que Grecia fue de las primeras en aparcar todos los conflictos y enviar ayuda a Turquía y el gesto fue muy apreciado por el gobierno turco.

Tanto es así, que posteriormente reunidos los ministros de ambos gobiernos para continuar tratando el tema de envíos de ayudas desde Grecia a Turquía, públicamente se alegó que no se debería esperar a que ocurriese una catástrofe de tal magnitud para aprender a aparcar las diferencias y encontrar soluciones efectivas ante los conflictos.

Así pues, se ha pasado de estar al borde de unos de los mayores conflictos armados de los últimos tiempos entre Grecia y Turquía, a posicionarse ambos países a favor de encontrar una solución a sus discrepancias. Sin embargo, el asunto de Chipre se encuentra aún en búsqueda de una resolución. la cual permita crear un ambiente exento de más tensiones y generar una estabilidad duradera para sus habitantes.

Por ello, Grecia solicitó recientemente soporte a la ONU para resolver el conflicto de Chipre, lo cual requerirá abrir un proceso de negociaciones, dado que entre las peticiones encontramos la del bando turco-chipriota de establecer presidencias rotatorias y las de los greco-chipriotas, quienes exigen la retirada de los 30.000 militares turcos situados al norte de la isla y que se abstengan de realizar intervenciones.

## UNIÓN EUROPEA Y LA OTAN

Hasta el momento, el presente capítulo se ha centrado en desarrollar el contexto del conflicto actual de Chipre, centrándose en los puntos claves generados por las discrepancias entre los gobiernos que representan a las dos comunidades que cohabitan en la isla mediterránea y aunque se hayan realizado menciones a la Unión Europea y la OTAN, es necesario dejar constancia de por qué Turquía se trata de un aliado importante, pese a ser uno de los países que ha dejado claro en más de una ocasión, que velará por sus propios intereses, aún a sabiendas de que supondrá una mirada de desaprobación por parte de la comunidad internacional.

Turquía se trata de un aliado clave, que si bien de resolverse la cuestión de Chipre, lograría un avance dentro de la Unión Europea es consciente de su localización, que lo convierte en un país estratégico en términos geopolíticos al encontrarse ubicado entre Asia Occidental y Europa oriental, con influencias en el Mar Mediterráneo y el Mar Negro.

A su geolocalización ha de sumarse su postura activa como mediadora de conflictos que se generan dentro de los países que comprenden su territorio, incluyendo Asia y Europa. En este punto juega a su favor esa actitud a la que hemos aludido anteriormente enfocada en sus propios intereses, pues su carencia de posicionamiento manifiesto hacia un sentido u otro, en muchas ocasiones en esas mediaciones ha jugado un papel determinante.

De hecho, el ser uno de los países con las fuerzas armadas más potentes de la OTAN, se trata de otro factor que no sólo le beneficia en cuanto a su consideración de estado aliado clave, sino también en su trayectoria de ganar autonomía estratégica[138]respecto del resto de países de la comunidad internacional.

---

138 Vid. Ref. a documento: YAPAR, Hakan. De la Profundidad Estratégica a la Patria Azul y más allá. Comprendiendo la deriva de Turquía hacia una mayor autonomía estratégica. Documento de Opinión IEEE 40/2021. http://www.ieee.es/Galerias/fichero/docs_opinion/2021/DIEEEO40_2021_HAKYAP_Turquia.pdf y

Además, pese a las constantes tensiones entre Turquía y la OTAN, incluyendo una de las últimas generada a raíz del veto turco a Suecia para convertirse en miembro de la Alianza, debido a la quema del Corán ante la embajada turca en Estocolmo, entre otros motivos alegados por Turquía, no se espera que el gobierno turco abandone la OTAN.

De hecho, en cuanto a lo que es esperado es, que Turquía sirva como mediadora dentro del conflicto entre Rusia y Ucrania, gracias a las relaciones que los turcos mantienen a día de hoy con Putin. Ya que, sin lugar a dudas beneficiaría al conjunto de la comunidad internacional debido a la escalada actual del conflicto.

En realidad, prestarse a ejercer ese papel mediador también le favorecería en sus relaciones con la Unión Europea, la cual no es una de las mejores en la actualidad y no sólo por la cuestión de Chipre y los altercados que ha ido teniendo con Grecia a lo largo de los años. Ha de añadirse también los constantes toques de atención por parte de la Comisión Europea a Turquía, por su gobierno calificado de "*cada vez más autoritario*".

Y es que, desde la perspectiva de la Unión Europea la actitud de Turquía, cada vez se aleja más de la necesaria para fomentar un estado de derecho. Tildándola en varias ocasiones de ser antidemocrática y no respetar los derechos humanos.

Un ejemplo de ello, lo encontramos en las reiteradas peticiones de la Unión a Turquía para la liberación del activista Osman Kavala[139]. Nacional turco acusado por el presidente Erdogan, de intentar derrocar al gobierno turco.

Aunque la relación no sólo se encuentra afectada por parte de la Unión Europea, pues Turquía también ha manifestado en varias ocasiones su decepción ante el comportamiento de la Unión tras el frustrado golpe de estado que vivió el país en 2016 ante la *Organización Terrorista Fethullah* (FETÖ).

---

139 Vid. Entrevista reciente realizada a Osman Kavala: *Osman Kavala: entrevista exclusiva desde una cárcel turca – DW – 09/05/2023*

Sea como fuere, la realidad es que la congelación del proceso de adhesión de Turquía para ser miembro de la Unión en 2018, podría cambiar en este presente según los próximos movimientos del gobierno de Erdogan, además, la Unión Europea es consciente de la importancia estratégica de Turquía para los planes que tiene en marcha, incluyendo los conflictos en activo.

Por tanto, dentro del marco de estrategias geoeconómicas se trata de un protagonista clave, del cual no se debe prescindir y además, seguir de cerca. Pues analizando sus movimientos en cuanto a estrategias políticas y económicas, se produce inteligencia de valor para el resto de países. Sin hacer falta estar de acuerdo o no, con sus formas de liderazgo.

## EL CIBERESPACIO

El territorio ciber se ha tratado en los últimos tiempos de uno de los factores que más ha preocupado al presidente turco, ya que, las campañas de desinformación masiva han afectado significativamente al país y sobre todo, durante el desarrollo de las campañas electorales.

Es por eso, que implantó el *"Plan de Acción y Estrategia Nacional de Ciberseguridad 2020-2023"* para así, adicionalmente actualizar a sus servicios de Inteligencia, sobre los que hablaremos más adelante. Y es que, Erdogan tomó conciencia del impacto que las campañas de desinformación masiva tenía sobre su población, observó los daños que los ciberataques causaban a la economía e infraestructuras y que, por ende, afectaban directamente sobre sus estrategias geoeconómicas.

Añadiendo además, otro punto crítico al escenario, el contraespionaje en la red que compromete directamente a los intereses nacionales. Por todo esto, y a fin de mitigar vulnerabilidades en base a el uso de la Ciberinteligencia en conjunto con la Ciberseguridad, creó el plan anteriormente mencionado.

Uno de los elementos más significativos desde entonces, fue la creación de *Centro Nacional de Respuestas ante Incidentes Cibernéticos* e inclusión posterior de *Equipos de Respuesta a Incidentes Cibernéticos* con la finalidad de proteger las instituciones públicas. El plan en cuestión, se trata de un entramado diseñado para velar por la seguridad nacional dentro del ciberespacio y que las ciberamenazas existentes y futuras no ataquen por sorpresa al país.

De hecho, tras los terremotos padecidos por Turquía, se comenzó a realizar una ciberestafa de escala mundial, la cual emulaba ser una ONG que pretendía recaudar fondos para proporcionar ayuda humanitaria a la población turca después de la devastación causada por los seísmos[140].

Fue la empresa Bitdefender, original de Rumanía y una de las líderes mundiales en cuanto a seguridad informática en el presente, la que investigó los hechos y detectó que la mayoría de los correos que orquestaron la ciberestafa procedía de una IP de Pakistán. Y el modo de proceder era mediante el *phishing*[141]

No obstante, previamente a este plan, Erdogan ya comenzó a actuar dentro del ciberespacio, censurando Internet y restringiendo el uso de diversas aplicaciones a la población turca. Introduciendo modificaciones legislativas, como lo fue la polémica Ley nº 5651[142] la cual habilitaba al gobierno a bloquear cualquier tipo de contenido en internet y además, acceder a los datos de los usuarios previamente registrados en las diferentes plataformas online, sin necesidad de orden judicial previa.

Todo ello, como era de esperar fue motivo de revuelo y denuncia pública, sin embargo, el interés era claro, pues no era otro que controlar la información del ciberespacio dentro del territorio turco. Además, durante estos periodos de censura y restricción extrema, se llegó a realizar detenciones de civiles por comentarios vertidos en redes sociales y los cuales hacían alusión al gobierno turco.

---

140 Vid. Noticia vía: RedSeguridad.com. *Ciberestafa de la solidaridad: el gancho es el terremoto de Turquía (redseguridad.com)*

141 Vid. Ref. nº10

142 Vid. Ley nº5651 Turquía. "*En cuanto al Reglamento sobre la radiodifusión en Internet y lucha contra los delitos cometidos a través de la radiodifusión en Internet*": *WIPO Lex*

Los motivos para justificar dichas privaciones de libertad se sustentaron en violaciones de derechos civiles, así como atentar contra la seguridad pública, pues el "ataque" se realizaba contra el gobierno.

Por su parte, la ONU se pronunció y manifestó que la Ley nº5651 iba en contra de la legislación internacional, así como de los derechos humanos. Al igual que lo hizo el Tribunal Europeo de Derechos Humanos (TEDH) después de que al Tribunal le llegasen demandas sobre estos sucesos, como lo fue el bloqueo de Wikipedia en Turquía, que duró más de dos años. Y fue la misma fundación quien acudió al TEDH pidiendo que levantase el bloqueo de Wikipedia en Turquía.

Ahora bien, Turquía no sólo es controversial en el ciberespacio a la hora de establecer sus políticas de ciberseguridad y desarrollar su ciberinteligencia, pues los servicios de Inteligencia turcos también lo son sobre el terreno. Hablamos del *"Millî İstihbarat Teşkilatı"*, más conocido mundialmente como el "MIT" que se trata de su órgano nacional de inteligencia, el cual se creó en 1965.

El MIT no pocas veces ha sido objeto de polémica internacional, pues son diversas las acusaciones que se han realizado sobre el Servicio de Inteligencia turco, como monitorizar y vigilar a miembros de otros partidos políticos dentro de turquía, realizar misiones encubiertas en el extranjero sobre personas que podrían atentar contra los intereses de Turquía o por haber violado los derechos humanos en varias ocasiones.

En la actualidad, la polémica ha vuelto a saltar a la palestra en este sentido, después de que los medios de comunicación internacionales anunciaron en junio del presente año, que el jefe del MIT *Hakan Fidan,* se convirtió en el nuevo titular del Ministerio de Asuntos Exteriores de Turquía.

Ello se debe a que Hakan, quien durante trece años ha trabajado dentro de la MIT, presuntamente durante la prestación de sus servicios dentro de la Inteligencia turca, ha realizado diversos secuestros sobre sujetos turcos localizados en el extranjero, bajo formas ilegales y forzadas a fin de ponerlos ante el gobierno turco.

Adicionalmente, también penden sobre la cabeza del jefe del MIT, acusaciones sobre torturas y desapariciones realizadas desde

1990 y las cuales, presuntamente se retomaron tras el golpe de estado en 2016, recayendo sobre los miembros de FETÖ y civiles que al parecer estarían implicados directa o indirectamente con el intento de derrocamiento del gobierno turco.

El último escándalo en el que se vió envuelto, fue cuando en 2021 un tribunal turco confirmó la autenticidad de un clip de audio correspondiente al año 2013, donde se escuchaba a *Hakan* ideando una manera para lograr llevar a cabo una guerra contra Siria. En dicha grabación de voz, se le escuchaba decir:

> *"«Si fuera necesario, enviaría cuatro hombres a Siria. [Entonces] les haría disparar ocho proyectiles de mortero contra el lado turco y crear una excusa para la guerra»*[143]*."*

Con todo esto, es comprensible cuanto menos, que cause controversia e incluso cierta inseguridad dentro de la comunidad internacional, que Hakan Fidan sea el actual titular del Ministerio de Asuntos Exteriores.

No obstante, atendiendo al contexto geopolítico global presente, habrá que actuar como con el resto de casos, es decir, estando al pendiente de todos los actores participantes y los movimientos que vayan realizando de ahora en adelante.

Grecia por su parte, tampoco se encuentra exenta de diversas acusaciones realizadas a sus servicios de Inteligencia, tanto en el terreno como en el ciberespacio. No obstante, en primer lugar conozcamos cuáles son sus órganos más destacados y sus funciones:

- El Estado Mayor de la Defensa Nacional de Grecia, en griego " *Γενικό Επιτελείο Εθνικής Άμυνας*" Creado en 1950
- Su Servicio Nacional de Inteligencia, llamado "*Εθνική Υπηρεσία Πληροφοριών*" de ahí sus siglas EYP. Creado en 1953. Encargado de salvaguardar los intereses de la nación y su seguridad nacional. Contando con un departamento de ciberdefensa, cuya

143 Fragmento extraído de: *Controvertido jefe de espionaje nuevo titular del Ministerio de Exteriores de Turquía - ROJAVA AZADI (rojavaazadimadrid.org)*

misión es la redes y sistemas de información militares principalmente.

- División de delitos cibernéticos de la policía Helénica, en griego "*Τμήμα Δίωξης Ηλεκτρονικού Εγκλήματος*". Creada en 2004 bajo el *Decreto Presidencial 178/2014*. Trabaja junto con otros órganos y su tarea principal es hacer frente a las ciberamenazas e investigar delitos cibernéticos.
- Autoridad Helénica de Protección de Datos, en griego "*Αρχή προστασίας δεδομένων προσωπικού χαρακτήρα*". Creada en 1997. Cumple con la misión de proteger todos los datos personales griegos, además, supervisa y aplica las disposiciones legales sobre protección de datos en la ciberinteligencia y ciberseguridad griega.

En cuanto a las acusaciones a las que hicimos referencia anteriormente, éstas han sido lanzadas en varias ocasiones por la comunidad internacional, siendo sobre espionaje realizado sobre otros países, colaboración con otros servicios de Inteligencia y vigilancia realizada sobre opositores de grupos políticos, periodistas y activistas. Hecho que en varias ocasiones ha preocupado, debido a que de haberse llevado a cabo tales actos, se trataría de violaciones directas sobre derechos civiles.

De hecho, Grecia se encuentra bajo investigación desde hace un año, junto con otros países de la Unión Europea incluída Chipre y este mes de junio el Parlamento Europeo[144], ha exigido que se realicen investigaciones con más profundidad y frenar el abuso de los softwares espías dentro de los gobiernos de los países miembros.

Al considerar que, el uso de dichos programas atenta gravemente contra los principios democráticos.

---

144 Vid.: *Programas espía: el Parlamento Europeo exige una investigación a fondo y frenar los abusos | Prensa | Parlamento Europeo Oficina a Barcelona (europa.eu)*

El programa informático al que hace alusión en concreto se trata de Pegasus, un spyware diseñado para infectar dispositivos informáticos y convertirlos en puntos de vigilancia remotos[145].

El Parlamento Europeo se pronunció tras haber realizado investigaciones y manifestar que usar este spyware además de ser ilegal, ponía "*en jaque a la democracia*". Por lo que exhortó a realizar modificaciones legislativas y aplicar diligentemente las normativas existentes en cuanto a ciberseguridad y protección de Datos.

Los países miembros implicados son España, Hungría, Polonia, Grecia y Chipre, por lo que procedió a realizarle una serie de recomendaciones. A Grecia le recomendó derogar las licencias que incumplan con la legislación europea sobre los controles de las exportaciones y el establecimiento de garantías institucionales y jurídicas. Además de, respetar la independencia de las autoridades Helénicas para su tarea encomendada de Seguridad sobre las Comunicaciones y la privacidad.

En lo referente a Chipre, la recomendación se centró en que revocase todas las licencias de exportación que vulneren la legislación europea.

## RECAPITULACIÓN

Durante la recapitulación del presente caso, no sólo se ha comprobado que los conflictos históricos marcan el futuro de los estados sino son capaces de enterrar las hachas de guerra ya oxidadas por el tiempo y las cuales sólo sirven para cortar cualquier intento de acercamiento, también hemos podido apreciar como un elemento devastador, una catástrofe natural en este caso, puede servir para propiciar una aproximación que quizás y sólo quizás, pueda tener un buen desenlace para las relaciones de Grecia y Turquía.

---

145 Vid. Artículo NordVPN: *¿Qué es Pegasus y cómo funciona? Casos en España | NordVPN*

Y si bien, aún está por ver qué sucederá con Chipre, es menester recordar que las dos comunidades ahí presentes cuentan con sus propios dirigentes, los cuales continúan sin ceder debido a sus peticiones actualmente no compatibles, por lo que la influencia de Grecia y Turquía sobre éstos, puede ser determinante.

Se tratan de dos países destacados dentro de la Unión Europea y la OTAN, además de, para el resto de actores internacionales, cada cual por sus características propias.

Hemos destacado la importancia de Turquía en términos de geoeconomía, basándonos en su posición estratégica clave y el papel que puede jugar dentro del conflicto de Rusia y Ucrania, y si bien, el presidente Erdogan puede suscitar diversas opiniones sobre su persona y su desarrollo a lo largo de su presidencia, o por sus relaciones actuales dentro del marco occidental, lo cierto es que vela por los intereses de su país.

Por lo tanto, no hará ningún movimiento estratégico de cara a la comunidad internacional, que a largo plazo lo pueda perjudicar gravemente y hacer que Turquía pierda su hegemonía. Pues como hemos visto hasta ahora, el presidente turco, tiene una maestría en generar desconcierto.

Lo cual recuerda a la frase de Sun Tzu, de su libro *El Arte de la Guerra*:

> *"Si haces que los adversarios no sepan el lugar y la fecha de la batalla, siempre puedes vencer".*

Ahora bien, cuánto tiempo le durará su capacidad de desorientar, no lo sabemos. Y debemos tener presente a las potencias y no subestimarlas, pues hemos podido observar claros ejemplos de épocas pasadas de lo que son estrategias geopolíticas efectivas, que generan tensiones ajenas sin ni siquiera intervenir en el conflicto.

No obstante, que continúe o no ejerciendo su mandato dependerá de la población turca, quienes no parecen estar muy conformes con ciertas políticas del gobierno turco y su trato hacia la población en cuanto a rigidez y detenciones por cuestiones de seguridad nacional.

Efectivamente, la cuestión sobre derechos humanos y sus actitudes declaradas de antidemocráticas por parte de la Unión Europea, es un factor crítico que de mantenerse en el tiempo, podría acarrear serias consecuencias a Turquía, a no ser que reorientase sus acciones o fuera relevado del mando.

La pregunta es:

¿Conociendo el valor de Turquía para la Unión Europea y la OTAN, actuarán dentro de este escenario o se limitarán a lanzar advertencias en aras de conservar a uno de sus más importantes aliados, dentro del contexto geoeconómico y geopolítico actual?

## *Capítulo 6*

# *El impacto de la Ciberinteligencia y la Geoeconomía en los marcos normativos*

Desde antiguo, las sociedades más primitivas descubrieron la necesidad fundamental de insertar, mantener y garantizar un orden que sirviera como garantía para salvaguardar sus intereses, ya fuera por cuestiones de poder, religión, territorios o conformar estructuras sociales, entre otros elementos.

Un ejemplo de ello, lo encontramos en la primera compilación[146] de leyes escritas más importantes de la historia y que asentó las bases legislativas, de las que posteriormente se servirían diversas culturas posteriores, creando así una herencia normativa.

Se trató del Código de Hammurabi y si prestamos atención, podemos encontrar en él pequeños atisbos de lo que a día de hoy se conoce como geoeconomía, pues podemos encontrar leyes reguladoras del comercio de aquellos tiempos, que si bien están adaptadas a la época, fueron el punto de origen para las leyes que le siguieron después y poco a poco, se fueron actualizando según los requerimientos y avances de los estados y sus sociedades.

Ahora bien ¿Qué hay de la Ciberinteligencia?, ¿Habría alguna forma de conectarla con el Código de Hammurabi? Pues en este punto, depende de la interpretación de cada cual. Si bien, sería precipitado afirmar la conexión directa debido a lo relativamente joven que es el concepto del ciberespacio, hablando desde una perspectiva his-

---

146 Importante destacar que no se trata de la primera ley, sino de la primera gran compilación o código de leyes. El primero fue el *Código de Ur-Nammu,* del cual sólo se conservan pequeños fragmentos y se han descubierto referencias a él en textos antiguos. Escrito 300 años antes de la aparición del Código de Hammurabi.

tórica, al encontrarse en el Código medidas que se encargaban de proteger a los consumidores ante estafas, prácticas fraudulentas por parte de los comerciantes, aportando además una serie de medidas sancionadoras, quizás por analogía podríamos llegar a interpretar, que se trató del germen primigenio.

Lo que dio lugar a los correspondientes códigos civiles y sus regulaciones sobre protección de los consumidores, que posteriormente y con la aparición de las tecnologías, se ha extendido al ciberespacio. Ampliado sucesivamente al hecho de la globalización y la importancia de la ciberseguridad y protección de los usuarios, llevado al exponente de la protección de los estados para salvaguardar sus intereses nacionales.

Sin lugar a dudas, puede haber debate sobre el tema. Sobre lo que no hay lugar a discusión alguna, es del impacto significativo de la Ciberinteligencia y la Geoeconomía en los marcos normativos, tanto nacionales como internacionales.

Tratándose pues, de lo que hablaremos a continuación.

Al tratarse de áreas del conocimiento interconectadas, implica que las normativas aplicadas para una, afectan en mayor o menor medida sobre la otra. O lo que es lo mismo, se han convertido en dos ramas que aunque, crezcan en paralelo debido a que cada una procede de distintas ciencias, avanzan conjuntamente dentro de las legislaciones.

Esa adaptación constante de los sistemas legislativos y actualización de los poderes judiciales, son elementos acuciantes e imperativos debido al avance tecnológico y el contexto geopolítico, el cual como hemos podido contemplar a lo largo de los tres casos expuestos, se encuentran entrelazados y un movimiento equívoco o indebido por parte de alguno de los actores internacionales, puede suponer un gravamen para el resto de la países.

En cuanto a la Ciberinteligencia, teniendo en cuenta las ciberamenazas y ciberataques presentes y futuros dentro del espacio digital y que no sólo atentan contra la seguridad de los ciudadanos, sino también contra la estabilidad de los países y sus economías, a nivel nacional e internacional, implica la necesidad de una labor activa dentro de los marcos normativos, para dotar a sus estados de las herramientas necesarias para hacerles frente.

A ésto, ha de sumarse el ciberespionaje, los sabotajes cibernéticos, las ciberguerras y cibercrimen, aspectos que se encuentran a la orden del día y que han precisado de establecer marcos legislativos en común para combatirlos de manera conjunta. Pues en este sentido, la cooperación internacional se trata de un factor fundamental, que debe darse para que la seguridad dentro del ciberespacio pueda garantizarse.

Como sucede con el trabajo en conjunto ejercido por los estados para luchar contra las campañas de desinformación masiva que causan confusión a nivel internacional, pudiendo afectar incluso a las relaciones diplomáticas de los países.

Respecto de la Geoeconomía, los marcos normativos están constantemente bajo su influencia, pues en el contexto actual de globalización, los sistemas legislativos deben mantenerse actualizados para prevenir y resolver cualquier litigio que pueda surgir entre las partes, las cuales suelen ser los países que conforman la comunidad internacional, así como las empresas y multinacionales que configuran el ecosistema de las economías.

Es por eso que encontramos legislaciones comerciales que regulan el comercio internacional, los acuerdos comerciales y las diversas políticas existentes, como la arancelaria. Incluyendo los marcos normativos sobre las inversiones propias y extranjeras, que buscan fomentar y controlar los flujos sobre dichas inversiones.

Sin olvidarnos de las legislaciones en materia fiscal y financiera, que persiguen garantizar la estabilidad y seguridad económica, previniendo las actividades evasivas para lograr un desarrollo económico.

Como puede apreciarse, nos rodea todo un entramado legislativo acerca de estas materias y que coexiste con las diversas ramas del derecho complementandose. Que aunque no sean infalibles debido a la necesidad constante de ir actualizándose, conforme avanzan las exigencias de un mundo interconectado, tratan de aportar una solución a los dilemas que se genera dentro de la comunidad internacional y sus economías.

Antes de proceder a contemplar diversos ejemplos, que nos ayudarán a comprender la relevancia de la Ciberinteligencia y la Geoeconomía en los marcos normativos, es menester tomar en consideración un factor que resulta imperativo, en relación con los sistemas legislativos y es que, cada país presenta su sistema jurídico interno característico y del mismo modo, establece su propia jerarquía normativa.

Ahora bien, si contemplamos el escenario internacional, esos sistemas jurídicos nacionales propios de cada estado, no deben entrar en colisión con aquellos tratados internacionales de los que sea parte, bien porque los tratados se hayan originado en el seno de una alianza a la que pertenezcan, la OTAN por ejemplo.

Porque sean las bases legislativas de una organización comunitaria, como la Unión Europea o bien, porque en un momento dado, se viva internacionalmente un evento o sucesión de los mismos, de tal repercusión para todo el conglomerado de países, que sea necesario y prioritario regular al respecto de dicho suceso, para que no vuelva a suceder en un futuro y si se repite, partir de una tipificación previa que permita juzgar el acto y aplicar la medida legal oportuna, como es la Declaración Universal de los Derechos Humanos de 1948.

Sobre los sistemas jurídicos internos, sabemos que los mismos se han desarrollado en gran medida por la influencia histórica de cada país. Como es el caso de España, cuyo sistema jurídico encuentra sus raíces en el Derecho romano-germánico, siendo compartida por muchos otros países.

Por otro lado, la diversidad de esos sistemas jurídicos es amplia y cada uno presenta su particularidad, como es el caso de Estados Unidos, país cuyo derecho procede del *Common Law* y conviven dos sistemas judiciales. El sistema judicial federal y el sistema judicial estatal. Los cuales se desenvuelven en el sistema de casos, es decir, de precedentes, pues descansa sobre el principio procesal "*stare decisis et quieta non movere*", que viene a significar *"estar a lo decidido y no perturbar lo ya establecido, lo que está quieto"*.

Ahora bien, si nos abstraemos de los sistemas jurídicos nacionales y adoptamos una óptica más amplia, centrada en el Derecho Internacional y en concreto dentro del marco de la Unión Europea, sabemos que el derecho de la UE tiene primacía sobre los derechos nacionales de los países miembros y ésta del mismo modo presenta su propia jerarquía normativa.

La cual es imprescindible conocer, pues dependiendo de la jerarquía de la norma, los países miembros tienen más o menos margen para su acogimiento, así como derechos y obligaciones. Es por ello que a modo de esquema lo explicaremos:

- ➢ Derecho primario, conformado por:
  - Los tratados que constituyen la Unión Europea:
    - → Tratado de la Unión Europea[147] (TUE).
    - → Tratado de Funcionamiento de la Unión Europea[148] (TFUE).
    - → Carta de los Derechos Fundamentales[149].
    - → Principios Generales[150].
- ➢ Acuerdos Internacionales:
  - Denominados "*sui generis*", los acuerdos internacionales son independientes del derecho primario de la Unión Europea y del Derecho derivado, al cual haremos alusión más adelante. Estos acuerdos pueden llevarse a cabo con organizaciones internacionales, países miembros o ajenos a la UE.
- ➢ Derecho derivado (o secundario):
  - Lo configuran los actos legislativos y los no legislativos que son tomados por las Instituciones de la Unión Europea dentro del ejercicio de sus competencias.
    - → Actos legislativos[151]se componen de:

---

147 Vid. TUE: *Versión consolidada del Tratado de la Unión Europea (boe.es)*

148 Vid. TFUE: *Versión consolidada del Tratado de Funcionamiento de la Unión Europea (boe.es)*

149 Vid. Art 6 TUE

150 Instaurados por el Tribunal de Justicia de la Unión Europea (TJUE): *CURIA - Presentación - Tribunal de Justicia de la Unión Europea (europa.eu)*

151 Vid. art 289. TFUE.

- *Reglamentos*: son vinculantes para todos los países miembros de la Unión Europea.
- *Directivas*: se emplean para establecer objetivos a los países miembro. Su característica es que, permite a cada país desarrollar sus propias leyes para lograr dicho objetivo marcado.
- *Decisiones*: únicamente vinculantes para aquellos países miembro o país, hacia el cual se dirija.
- *Recomendaciones*: no vinculantes. Mecanismos utilizado por las instituciones de la UE para manifestar sugerencias a los países miembros.
- *Dictámenes*: no vinculantes. Se tratan de herramientas que dotan a las instituciones de la Unión Europea de la capacidad de opinar, sin que ello derive en una necesidad obligatoria de actuar por parte de algún país miembro.

→ Actos no legislativos, actos adoptados usualmente por la Comisión Europea.

- *Acto delegado.* Por delegación, da soporte a la Comisión Europea para modificar o complementar actos legislativos en sus elementos no esenciales.
- *Acto de ejecución.* Persiguen la aplicación de un acto legislativo y establecen normas detalladas para que posteriormente exista uniformidad durante su aplicación.

Plasmada la relevancia de las distinciones entre los sistemas jurídicos de cada país, y puesto en conocimiento la estructura jerárquica de las leyes de la Unión Europea, pasaremos a continuación a tratar aquellos Tratados y Acuerdos, donde la Ciberinteligencia y Geoeconomía fueron tenidos en cuenta a la hora de desarrollarlos, sentando así las bases legislativas y ofreciendo del mismo modo, una guía al resto de países para su ampliación interna.

Uno de los primeros movimientos legislativos lo encontramos en el *Acuerdo General sobre Aranceles Aduaneros y Comercio* de 1947[152], también conocido por sus siglas GATT. Surgió de la necesidad de instaurar una organización de carácter internacional que asegurara el buen funcionamiento del comercio y disminuyera las barreras entre naciones, para así lograr el desarrollo económico de los países que fueran parte del tratado.

Los pilares del Acuerdo, se asentaron sobre el principio de no discriminación entre naciones, reciprocidad, creación de un mercado abierto y desarrollo dentro de una competencia leal. Años más tarde en 1994, al Acuerdo se le añadieron modificaciones para adecuarlo a las necesidades emergentes de los países y el comercio internacional.

Lo que derivó en la creación de la Organización Mundial del Comercio, identificada comúnmente por sus siglas OMC, tras llevar a cabo rondas de negociaciones. Por lo que, este acuerdo es una clara manifestación de las políticas geoeconómicas y los marcos estratégicos generados para el desarrollo de las economías.

Igualmente, la geoeconomía también se encontró presente en la *Convención de Viena sobre Relaciones Diplomáticas* de 1961[153], este tratado implantó las normas internacionales sobre las relaciones diplomáticas entre países. Incluyendo la inmunidad y privilegios de los diplomáticos.

Como sabemos, las relaciones diplomáticas se tratan del vehículo más utilizado por los actores internacionales, para establecer lazos comerciales y proyectos en común dentro de todos los sectores que comprenden la economía. Por ende, ayuda al desarrollo de estrategias geopolíticas que derivan en movimientos basados en la geoeconomía, con la finalidad de velar por los intereses económicos de los estados y llevarlas a su máximo exponente.

---

152 Vid. Doc. Acuerdo general aranceles aduaneros y comercio: *gatt47.PDF (wto.org)*

153 Vid. Doc. Sobre relaciones diplomáticas: *Chapter III. Privileges and Immunities, Diplomatic and Consular Relations, etc.TITLE: 3. Vienna Convention on Diplomatic Relations. Vienna 18 April 1961 (unido.org)*

De otro lado, el concepto de velar por los intereses económicos, es muy amplio y no sólo abarca el aspecto de generar ingresos, sino también de evitar pérdidas de capital, infraestructuras y establecer un control de daños, que pueda venir dado desde el exterior y provocar un retroceso en el flujo comercial. En este sentido, encontramos el *Tratado sobre el Espacio Ultraterrestre* de 1967[154].

Regulador de las relaciones internacionales en materia de cooperación, donde también se establecieron las bases para regular las actividades desarrolladas en el espacio y además, prohibir el uso de armas nucleares. Adicionalmente, implantó la responsabilidad de resarcir por daños y perjuicios a aquellos países que se vieran afectados por objetos espaciales lanzados al espacio por los estados.

Hasta el momento, se han mencionado acuerdos en concreto, sin embargo, también fue imperativo establecer una legislación en común para la aplicación e interpretación de los acuerdos internacionales en sí, es decir, establecer principios rectores para la correcta aplicación de los acuerdos internacionales por parte de todos los estados participantes.

De lo contrario, sin unas directrices, de poco serviría un desarrollo legislativo sobre una materia en concreto, en este caso, centradas en el comercio y economías internacionales. Pues una aplicación o interpretación arbitraria de las normas comunes, derivaría en políticas geoeconómicas inexactas, que más que ayudar al crecimiento económico, generaría disputas y retrasaría el desarrollo de los comercios, al invertir más tiempo litigando, que desarrollando estrategias centradas en los intereses económicos de cada país.

Es por ello, que se celebró la *Convención de Viena sobre el Derecho de los Tratados en 1969*[155], aunque no entró en vigor hasta 1980. Donde se estableció una codificación de todos aquellos aspectos esenciales de los tratados internacionales, incluyendo su proceso de creación y entrada en vigor.

---

154 Vid. Doc. Sobre espacio ultraterrestre: *https://www.unoosa.org/pdf/publications/STSPACE11S.pdf*

155 Vid. Doc. Derecho de los Tratados: *Vienna Convention on Succession of States in respect of Treaties - procedural history - Spanish (un.org)*

A su vez, la Organización Mundial del Comercio en 1996 celebró el *Acuerdo sobre Tecnología de la Información (ATI)*[156] y promulgó la "*Declaración Ministerial sobre el Comercio de Productos de Tecnología de la Información*". El acuerdo comenzó con 82 países suscritos y posteriormente se fue ampliando, así como fue ampliando su catálogo sobre tecnologías y productos del sector años más tarde.

La finalidad de este acuerdo residió en establecer reducciones arancelarias o directamente eliminar esas cargas a productos de tecnología de la información, de tal manera que, el sector tecnológico conseguiría ser promovido internacionalmente.

En este acuerdo, podemos percibir no sólo la presencia de políticas geoeconómicas, también al tratarse de tecnologías de la información, involucra indirectamente a la Ciberinteligencia, pues el desarrollo del presente acuerdo y sus implicaciones posteriores dentro de otros sistemas legislativos, han servido de base para impulsar otras necesidades dentro del ciberespacio, como es la protección de la información y la seguridad digital del entorno comercial internacional.

Otro factor fundamental dentro del contexto geoeconómico, fue la represión de la financiación del terrorismo. Es por ello, que en 1999 se aprobó en la Asamblea General de las Naciones Unidas, el *Convenio Internacional para la Represión de la Financiación Terrorista*[157], el cual entró en vigor de forma general en 2002.

La importancia geoeconómica de dicho convenio, encuentra su razón de ser en la necesidad de generar una estabilidad y seguridad para la economía internacional, la cual no se consigue en un terreno donde se realicen lavados de dinero, transferencias ilícitas que sustenten actos terroristas y demás actividades propias de su naturaleza.

Pues perpetuar dichos actos y no combatirlos desde una cooperación activa por parte de los actores internacionales, afecta directamente sobre las inversiones, flujos de capital y seguridad de los mer-

---

156 Vid. Doc. ATI: *OMC | Textos jurídicos - Declaración Ministerial sobre el Comercio de Productos de Tecnología de la Información (wto.org)*

157 Vid. Doc. Tratado represión financiación terrorismo: *BOE-A-2002-9850 Instrumento De Ratificación del Convenio Internacional para la Represión de la Financiación del Terrorismo, hecho en Nueva York el 9 de diciembre de 1999.*

cados. Ya que, los actos terroristas inciden de primera mano sobre los intereses internacionales y no favorecen a los entornos de desarrollo económico.

Otro elemento que genera alto impacto en las economías y les causa un perjuicio significativo, se trata de la cibercriminalidad y la ciberdelincuencia, factores donde la presencia de la Ciberinteligencia junto a la geoeconomía es notable. Debido a ello en 2001 se celebró el Convenio sobre ciberdelincuencia (o cibercriminalidad) de Budapest[158]. El cual fue aprobado por el Comité de Ministros del Consejo de Europa.

Dicho convenio, se trata de un llamado internacional, que invita al resto de países a tomar conciencia sobre los desafíos jurídicos creados debido al alcance y expansión de las nuevas tecnologías, y lo que ello implica al haber tal magnitud de flujo de información constante, en un mundo interconectado y que no deja de crecer.

Pues esto, implica al mismo tiempo un desarrollo comercial y financiero dentro del ciberespacio por parte de los estados y multinacionales, convirtiéndolo en un blanco de ataques para la comisión de delitos en la red, sino se acogen a tiempo medidas preventivas que identifiquen amenazas, combatan vulnerabilidades y mitiguen riesgos.

Sin olvidarnos de la necesidad de proteger los activos de valor, como son las informaciones, ya provengan de estados, instituciones, organizaciones internacionales o empresas. Pues los ciberdelincuentes son conscientes de que una de las mejores maneras para lograr que su enriquecimiento ilícito no cese, es traficando con la información, la cual a día de hoy gracias a la Inteligencia, conocemos que es de alto valor y su sustracción puede poner en jaque la seguridad cualquier nación o hacer colisionar intereses comerciales, degenerando en una paralización de flujos económicos.

En la actualidad, existe un amplio abanico de tratados internacionales centrados en las materias expuestas. Ahora bien, si hablamos

---

[158] Vid. Doc. Convenio sobre ciberdelincuencia: *ETS 185 Explanatory report_ Spanish (coe.int)*

de países sus legislaciones internas se han encargado de proveerse de normas enfocadas en la Ciberinteligencia, Ciberseguridad y Geoeconomía, debido al impacto de las tecnologías y el peligro inminente que supone no contar con estructuras organizativas en sus sistemas jurídicos, que velen por su seguridad dentro del espacio digital.

No obstante, es necesario diferenciar entre la capacidad que tengan los estados de generar legislación sobre dichas materias y su posterior facultad para crear una protección efectiva frente a los ciberataques y ciberamenazas, con los subsiguientes impactos en sus economías.

Pues otro factor a tener en cuenta, es el número de incidencias cibernéticas que sufra. A mayor capacidad económica del país, mejor posicionamiento para entablar relaciones comerciales con empresas y otros estados y mayor flujo de capital, la probabilidad de convertirse en un objetivo de ciberataques aumenta. En este sentido encontramos a los países más desarrollados y los que se encuentran en proceso de expansión.

Sin pasar por alto otro factor como es el político. Pues los países con peor reputación en cuanto al desarrollo de sus políticas, sobre todo en materia de derechos civiles y derechos humanos, suelen convertirse en el objetivo de ataque de grupos organizados de hackers. Quienes, si bien expresan no buscar un enriquecimiento ilícito en sí, atacan monetariamente a los países a modo de protesta, ya que saben que la economía de un país puede convertirse en su talón de Aquiles.

Partiendo de lo anteriormente expuesto, si tuviéramos que hablar de los países donde la Ciberinteligencia y la Geoeconomía han promovido una elaboración activa y extensa de leyes, encontramos a Estados Unidos, quien posee un amplio catálogo de normas sobre las materias en cuestión.

Una de dichas normas, se trata de la *Foreign Intelligence Surveillance Act,* en español "Ley de Vigilancia de la Inteligencia Extranjera" de 1978.

La cual se trata de una Ley Federal que fue firmada por el presidente *Jimmy Carter,* que instaura los mecanismos necesarios para establecer la vigilancia física y electrónica, junto con la recopilación de información entre potencias y agentes de inteligencia[159].

Contando además, con la Ley de Privacidad de 1974[160], la *Electronic Communications Privacy Act* (ECPA) en español, Ley de Privacidad de las Comunicaciones Electrónicas de 1986[161], diseñada para promover la seguridad de los ciudadanos en materia de privacidad y con proyección hacia las nuevas tecnologías y protección de la información de los ciudadanos.

Adicionalmente, se le han añadido enmiendas y propuestas de modificación para adaptarla a las nuevas necesidades derivadas del uso de las nuevas tecnologías y los tráficos de información en la red, como por ejemplo, la Ley de Privacidad del Correo Electrónico "Email Privacy Act" de 2016.

En la línea de leyes estadounidenses, también encontramos la *Gramm-Leach-Bliley Act,* aprobada a finales de 1999, comienzo de los 2000. Esta Ley se diseñó para que las instituciones financieras protejan los datos confidenciales de los clientes, entre otros propósitos. Un año más tarde, se promulgó la *USA PATRIOT Act* de 2001[162] donde se introduce normativa para combatir el terrorismo, incluyendo el aspecto financiero con la intencionalidad establecer políticas geoeconómicas estables y además, añade disposiciones relacionadas con la Ciberinteligencia.

La Ley de Mejora de Ciberseguridad de 2014, fue promulgada persiguiendo crear una mayor concienciación sobre ciberseguridad

---

159 La citada Ley, fue objeto de debate en 2005 después de que la conocida revista New York Times, publicase que en base a la misma y durante el mandato de George Bush, se creó un programa de escuchas telefónicas ilegales al cargo de la Agencia de Seguridad nacional: *https://web.archive.org/web/20060206162614/http://www.commondreams.org/headlines05/1216-01.htm*

160 Vid. Ley de Privacidad EEUU: *La Ley de Privacidad | U.S. Small Business Administration (sba.gov)*

161 Vid. Ley de Privacidad de las Comunicaciones Electrónicas: *Ley de Privacidad de las Comunicaciones Electrónicas (ECPA) – EPIC – Centro de Información de Privacidad Electrónica*

162 Vid. USA PATRIOT act: *Ley USA PATRIOT | FinCEN.gov*

y fortalecer las investigaciones a nivel cibernético. Siguiéndole más legislación en los años siguientes, enfocada en hacer frente a los ciberataques cometidos por ciberdelincuentes y grupos organizados que estaban generando grandes pérdidas a las empresas estadounidenses.

De hecho, en el año 2015 se vivió uno de los mayores robos de información del país[163], debido a un ciberataque que expuso a más de cuatro millones de funcionarios de Estados Unidos, después de que la Oficina de Administración de Personal fuera atacada.

También encontramos la Ley de Compartición (o intercambio) de Información sobre Ciberseguridad o *"Cybersecurity Information Sharing Act"*[164] (CISA) la cual se desarrolló en 2015 y permitió el intercambio de la información del tráfico de internet entre el gobierno de estados unidos y empresas tecnológicas.

No obstante, el listado de leyes estadounidenses es mucho más extenso y puede observarse claramente como poco a poco, Ciberinteligencia y la Geoeconomía, se vuelven las notas predominantes de su sistema legislativo, conforme el ciberespacio va ganando terreno y las nuevas tecnologías se asientan, logrando de este modo, posicionamiento dentro del mercado y los sistemas financieros internacionales.

Como sucede con el resto de países, quienes cuentan con marcos normativos específicos sobre las citadas materias y son actualizados a tenor de las circunstancias. Un caso lo encontramos en Corea del Sur, quien en 2022 se vió obligado a reforzar sus niveles de ciberseguridad, al encontrarse en plena transición presidencial. Así, temiendo que pudieran darse ataques de hackers que comprometieran la seguridad nacional si lograban robar documentos oficiales, elevó su nivel de protección en ciberseguridad y lo llevó al nivel 3 en su sistema de 5 grados. Incluído su Servicio de Inteligencia, quien elevó a 2 dos su seguridad, dentro de su escala de 4 etapas.

---

163 Vid. Comunicado tras ciberataque: *OPM notificará a los empleados sobre el incidente de ciberseguridad*

164 Vid. Ley Ciberseguridad EEUU: *Procedimientos y orientación de la Ley de intercambio de información de ciberseguridad de 2015 | CISA*

Todo ello, se encuentra recogido en su ley más importante sobre Ciberseguridad, la "개인정보 보호법" en coreano, "*Personal Information Protection Act South Korea*" en inglés y "Ley de Seguridad de la Información y Protección de Datos Personales" en español. Promulgada en 2011 y actualizada desde entonces, sirviendo al mismo tiempo de base para otras normas.

Ese mismo año, Corea del Sur se asoció con la Unión Europea con la finalidad de fortalecer la cooperación en el ámbito digital y tecnologías avanzadas. La asociación también se extendió al establecimiento de un procedimiento de consultas y debates, los cuales versarían sobre la libertad digital de los ciudadanos.

Continuando en el continente asiático, en materia de Ciberinteligencia y Geoeconomía, China tiene uno de los sistemas más característicos y un régimen en ciberseguridad que dista mucho de los demás países. En 2017 entró en vigor su Ley de Ciberseguridad, además, cuenta con otras normativas como su Reglamento de Supervisión de Seguridad en Internet.

En 2020 aprobó su Ley de Criptografía y poco a poco fue conformando su sistema, el cual comenzó a generar tensiones con Estados Unidos.

Pues el gobierno estadounidense lanzó el proyecto "*Clean Network*" o Red Limpia, con la pretensión de combatir las amenazas que suponen las tecnologías chinas.

Tecnologías, que cuanto menos, son bastante avanzadas. De hecho en 2019 comenzó a utilizar inteligencias artificiales en sus tribunales, que si bien lo que se conoce es que, la intención no reside en desplazar a los profesionales del Derecho humanos, sino servirles de soporte, esas inteligencias artificiales en los tribunales se han limitado a presentar evidencias y ayudar en los procesos de investigación.

Y es que, esto proviene del Tribunal de Internet de Beijing, el cual lanzó un servicio de litigios online, cuyo juez es una inteligencia artificial.

Amenaza o puerta hacia el futuro de las tecnologías, hay lugar a debate en cuanto a China en este aspecto. Lo cierto es que, se trata de un país muy reservado a la hora de brindar información propia, de hecho en cuanto a Inteligencia, obtener información de China mediante fuentes abiertas se ha convertido en una ardua tarea. A ésto, hay que sumarle su gran firewall, el cual controla el acceso a internet dentro de su territorio.

Por todo ello, China puede ser un gran referente a la hora de ilustrar lo que es un sistema legislativo que ha integrado notablemente la Ciberinteligencia y la Geoeconomía. La manera de desarrollarlo, alcance y sus consecuencias, es cuestión de opiniones.

Otro país que presenta un sistema jurídico, donde el desarrollo de la Ciberinteligencia ha estado presente y en continuo crecimiento a lo largo de los años, acorde a los avances tecnológicos y su expansión en los mercados digitales, es Rusia. Quien efectivamente contemplamos durante la exposición de su caso, relativo a la guerra que mantiene en la actualidad con Ucrania, posee unas facultades muy desarrolladas dentro del ciberespacio a la hora de captar e insertar información, entre otras habilidades.

Sus principales normas sobre ciberseguridad son la *Ley Federal N ° 187-FZ sobre la seguridad de la infraestructura de información crítica de la Federación de Rusia,* promulgada en el año 2017. Esta ley sienta las garantías para velar por la seguridad de las infraestructuras de información crítica, al mismo tiempo que desarrolla una serie de derechos, deberes y obligaciones para los proveedores de esas infraestructuras. Lo que realmente cubre todos los sectores que conforman la economía de su país, pues cualquier brecha de seguridad ante cualquier intento de ciberataque, puede crear una caída en cadena y afectar a la estabilidad de la nación.

De otro lado, cuenta con la *Ley Federal N° 152-FZ sobre datos personales* de 2006 y con su Ley de Información, nombrada *"Ley Federal No. 149-FZ sobre Información, Tecnologías de la Información y Protección de la Información"*

Como comentamos anteriormente, cuenta con más normativa al respecto, sin embargo, el desarrollo de Rusia no sólo ha sido normativo, sino también, tecnológico. Y es que, desde 2019 vino creando lo que a día de hoy se conoce como "RuNet". Es decir, Rusia creó su propio internet.

Con él, Putin podría tener el control absoluto sobre el tráfico de internet dentro de sus fronteras, incluyendo el dominio sobre el acceso ciudadano a la red. Además, dejaría de depender de empresas extranjeras que le suministran el servicio, al mismo tiempo que, se blindaría ante cualquier intento de ciberataque. O bien, si padeciese algún bloqueo por parte de algún país, podría seguir teniendo acceso a internet.

Es más, dentro del contexto de la guerra entre Rusia y Ucrania, si algún país tratase de bloquearlo en el ciberespacio, como una contraofensiva o a modo de sanción por cualquier acto cometido, Rusia no vería acotada su capacidad de maniobra dentro del espacio cibernético.

Si bien, aún no ha precisado blindarse de tal manera, de hacerlo y activar la *RuNet,* podría ponerse en una situación más que comprometida, pues estaría contraviniendo de forma directa y consciente los derechos de sus ciudadanos, tanto en materia de derechos civiles como derechos humanos.

El listado de países en cuanto a sus legislaciones internas, que se han visto en la necesidad de adaptarse a la era digital y desarrollar sus marcos normativos en torno a la Ciberinteligencia y Geoeconomía es más que extenso, como puede apreciarse.

Por lo que, es oportuno contemplar cuáles son aquellos estados que gracias a sus avances tecnológicos y legislaciones son los que corren menor riesgo de padecer un ciberataque.

Según el informe de la empresa antifraude SEON[165] publicado en abril de 2023, los países con menor riesgo de ciberamenazas son:

Bélgica, Finlandia, España, Dinamarca, Alemania, Lituania, Francia, Suecia, Reino Unido y Portugal.

Colocados en orden, atendiendo a las puntuaciones obtenidas ponderando entre los índices Nacional de Ciberseguridad[166] (NCSI),

---

165 Vid. Página web SEON: *Prevención de fraudes SEON - Combate el fraude de forma eficaz*

166 Vid. NCSI: Ciberdirecto de la UE (eu cyberdirect.eu)

índice Global de Seguridad[167] (GSI) e índice de Exposición a la Ciberseguridad[168] (CEI) y generando una media entre los índices, Bélgica (90,69), Finlandia (90,16) y España (88,61), son los tres países que se encuentran a la cabeza con las mejores puntuaciones y que, por ende, sufren un menor riesgo de exposición ante ciberamenazas.

En cuanto al listado de países que sí se encuentran más expuestos y corren más riesgos ante cualquier ciberataque son: Afganistán, Birmania, Namibia, Libia, Honduras, Camboya, Mongolia, Etiopía, Venezuela y Nicaragua.

De acuerdo con los resultados del informe de SEON, se aprecia que los países con una mejor capacidad para mantener su exposición ante las ciberamenazas bajo mínimos y consecuentemente, proteger sus economías y empresas, se tratan de países miembros de la Unión Europea.

Lo que, siendo conocedores de la primacía del Derecho Comunitario sobre los derechos nacionales de cada estado, pues vimos con anterioridad la jerarquía normativa de la UE, nos desvela la presencia de la Ciberinteligencia y Geoeconomía dentro del conglomerado legislativo de la Unión Europea, manteniendo un papel activo y ocupando cada vez más el escenario. Y de ahí, los resultados.

La concentración de esfuerzos por parte de la Unión Europea para velar por la seguridad y confidencialidad de las informaciones, viene siendo desde hace años una de sus misiones principales. Tanto es así, que las primeras legislaciones al respecto, sirvieron de base para desarrollar posteriormente las normativas actuales sobre ciberseguridad, que van ligadas a la Ciberinteligencia y la Geoeconomía.

Efectivamente, en 1995 promulgó la *Directiva 95/46/CE del Parlamento Europeo y del Consejo*[169] *relativa a la protección de las personas físicas en lo que respecta al tratamiento de datos personales y a la libre circulación de*

---

167 Vid. GSI: *España, a la cabeza mundial en Ciberseguridad | DSN*

168 Vid. CEI: *Índice de Exposición Cibernética (cyberexposureindex.com)*

169 Vid. Directiva 1995, *relativa a la protección de las personas físicas en lo que respecta al tratamiento de datos personales y a la libre circulación de estos datos: EUR-Lex - 31995L0046 - ES - EUR-Lex (europa.eu)*

*estos datos*. Y continuó legislando en lo que respecta a la protección de datos.

Creando así, un conjunto de cinco normativas enfocadas en el sector de las comunicaciones electrónicas, siendo la *Directiva 2002/58/ CE del Parlamento Europeo y del Consejo*[170], *relativa al tratamiento de los datos personales y a la protección de la intimidad en el sector de las comunicaciones electrónicas* de 2002 una de ellas. Las cuatro restantes, estarían centradas en "*el marco general, el acceso y la interconexión, la autorización y la aprobación de licencias y el servicio universal*". Y en 2009 fue modificado por dos directivas centradas en un mejor desarrollo legislativo y los derechos humanos.

En 1999 aprobó el plan *"Safer Internet"* cuyo núcleo de acción era la promoción de un uso seguro de Internet, dentro de un marco comunitario conjunto que se desarrolló con la *Decisión nº 276/1999/ CE del Parlamento Europeo y del Consejo*[171]. El cual se modificó en 2005 y posteriormente fue sucedido por el programa "*Safer Internet Plus*", que sin suponer un cambio de paradigma, añadió como objetivos combatir el *spam*[172] y el racismo online.

Junto con otras medidas enfocadas en la misma línea, en 2003 dentro del seno de la UE, Javier Solana, quien fue secretario general de la UE hasta 2009, desarrolló lo que se denominó la *Estrategia Europea de Seguridad*[173]. En ella especificó que era necesario abordar el tema de la seguridad en internet ampliando el enfoque, puesto que la magnitud de los ciberataques se estaba transformando en un problema y podrían llegar a ser utilizadas como armas a nivel económico, político y militar.

En 2006 se realizó una comunicación por parte de la Comisión, donde se habló de una *Estrategia para una sociedad de la Información*

---

170 Vid. Directiva 2002, *relativa al tratamiento de los datos personales y a la protección de la intimidad en el sector de las comunicaciones electrónicas: EUR-Lex - 32002L0058 - ES - EUR-Lex (europa.eu)*

171 Vid. Decisión. Plan, Safer Internet: *eur-lex.europa.eu/legal-content/ES/TXT/ PDF/?uri=CELEX:31999D0276*

172 *Spam*: sistema de envío masivo de correos electrónicos no deseados.

173 Vid. Estrategia Europea de Seguridad: untitled (europa.eu)

*Segura*[174], con la pretensión de generar estrategias políticas centradas en la seguridad en la red y en la información, tomando conciencia del protagonismo creciente de los ciberataques a los equipos informáticos e infraestructuras gubernamentales, con el subsiguiente daño que producían a las economías.

Además, hizo mención a que la UE debía prepararse ante la inminente llegada de "los entornos inteligentes" que serían utilizados de manera cotidiana incluso en el entorno empresarial, es decir, incluyó una referencia a lo que hoy son las Inteligencias Artificiales, y sobre las cuales se está legislando en el presente.

En su camino hacia crear un entorno seguro, junto con más actos legislativos que hicieron manifiesto de ello, en 2013 se elaboró la Estrategia de Ciberseguridad de la Unión Europea[175], la cual se ha ido actualizando en versiones posteriores, conforme las tecnologías han avanzado y los riesgos del ciberespacio han ido configurándose como una de las amenazas más peligrosas dentro de la sociedad actual.

Añadiendo también *la Directiva 2013/40/UE del Parlamento Europeo y del Consejo, de 12 de agosto de 2013, relativa a los ataques contra sistemas de información*[176].

Donde se incluyen diversas penas previstas, para aquellos delitos cometidos contra los sistemas de información y se declara la ilegalidad del uso de *bots*[177].

Al margen de estrategias como tal, la UE promulgó directivas orientadas hacia el establecimiento de unas garantías de seguridad en la red y sistemas de información, como fue la Directiva NIS[178] en 2016 y su posterior actualización en 2022, la Directiva NIS 2.0.

---

174 Vid. Estrategia para una sociedad de la Información Segura: *Estrategia para una sociedad de la información segura (Comunicación de 2006) (europa.eu)*

175 Vid. Estrategia Ciberseguridad UE: pdf (europa.eu)

176 Vid. Directiva relativa a los ataques contra los sistemas de información: *EUR-Lex - l33193 - ES - EUR-Lex (europa.eu)*

177 Vid. Ref. nº 72.

178 Vid. Directiva NIS: DIRECTIVA (UE) 2016/ 1148 DEL PARLAMENTO EUROPEO Y DEL CONSEJO —de 6 de julio de 2016— relativa a las medidas destinadas a garantizar un elevado nivel común de seguridad de las redes y sistemas de información en la Unión (boe.es)

Sin lugar a dudas, puede verse un cambio en las estructuras legislativas a raíz de la pandemia del COVID-19, pues resultó un punto de inflexión no sólo en el aspecto sanitario, sino también, en la incidencia de los ciberataques. Los cuales aumentaron de manera exponencial, generando daños económicos para la comunidad internacional y empresas de distintos sectores que realizaron un salto al ciberespacio, ante la necesidad de buscar una alternativa para poder seguir generando un flujo económico que le permitiese subsistir.

Es por ello, que la Unión Europea reforzó sus instituciones ante tales circunstancias y trató de dotar a los países miembros de una legislación que velase al máximo posible por sus intereses financieros y económicos, al mismo tiempo que, garantizase la seguridad de los ciudadanos de la UE.

Lo cual tuvo presente para la actualización de la Directiva NIS 2.0, al establecer más sectores de la información como críticos para doblar su seguridad. Incluir nuevos requisitos para mantener la ciberseguridad, como la necesidad de certificaciones. Generar protocolos de respuesta ante incidentes —bien por alertas tempranas o durante un ciberataque— y además, armonizar legislativamente para lograr una mayor cooperación dentro de los países de la Unión Europea.

Incentivando del mismo modo, la colaboración entre empresas públicas y privadas enfocadas en el sector tecnológico y sobre todo, en la ciberseguridad. Para poder dar soporte a los países miembros y crear estrategias efectivas sobre ciberseguridad que pudieran ser implementadas en sus estados.

En 2016 también se aprobó el Reglamento general de Protección de Datos[179] (RGPD) cuya modificación se introdujo en 2018. El objetivo del RGPD fue crear un sistema que protegiese la intimidad y privacidad de los usuarios en la red, a tenor de cumplir con un siste-

179 Vid. Reglamento RGPD: REGLAMENTO (UE) 2016/ 679 DEL PARLAMENTO EUROPEO Y DEL CONSEJO —de 27 de abril de 2016— relativo a la protección de las personas físicas en lo que respecta al tratamiento de datos personales y a la libre circulación de estos datos y por el que se deroga la Directiva 95/ 46/ CE (Reglamento general de protección de datos) (boe. es)

ma de garantías, que velase por los derechos fundamentales de los ciudadanos dentro del ciberespacio y agilizar la actividad económica de estados y empresas dentro del mercado único digital.

Seguidamente, la Unión Europea dentro del cumplimiento de su misión de fortalecer las cooperaciones para hacer frente a los ciberataques, en 2017 creó un acuerdo con el Equipo de Respuestas a Emergencias Informáticas (CERT-UE), en atención a todas las instituciones y organismos de la UE, con carácter permanente[180].

El CERT-UE[181] se encontraba operativo desde 2011, no obstante, con la instauración de este nuevo acuerdo, se le dotó más capacidad, permitiéndole realizar trabajos en conjunto con equipos internos de seguridad informática de adscritos a cada institución de la Unión, lo que agilizaría la tarea de dar respuestas coordinadas a los distintos ciberataques.

A continuación, se propuso un Reglamento sobre Ciberseguridad en 2018 y fue aprobado en 2019. El mismo introdujo un sistema europeo común de certificaciones de ciberseguridad, de solicitud voluntaria y aplicación a procesos, productos y servicios de TIC. Con la finalidad de generar confianza y seguridad online ante el usuario final.

Así mismo, el Reglamento sobre Ciberseguridad, permitió que la Agencia de Ciberseguridad de la Unión Europea (ENISA)[182] obtuviera carácter permanente, asignándole nuevas tareas de apoyo a las instituciones de la Unión y a los estados miembros, por lo que se vió reforzada y ganó en competencias.

Sin embargo, no fueron las únicas actualizaciones realizadas, pues el marco político de Ciberdefensa de la UE[183] adoptado en 2014

---

180 Vid. Comunicado de prensa. Secretaría General. Consejo de la Unión Europea: *Ciberseguridad: las instituciones de la UE refuerzan la cooperación para combatir los ciberataques. Consilium (europa.eu)*

181 Vid. Acuerdo Interinstitucional C 12/1 CERT-UE: *https://eur-lex.europa.eu/legal-content/EN/TXT/PDF/?uri=CELEX:32018Q0113(01)&from=EN*

182 Vid. Ref. nº 28.

183 Vid. Actualización marco político de ciberdefensa de la UE: pdf (europa.eu)

también fue renovado, motivado por la necesidad de atender a los nuevos desafíos en materia de ciberdefensa, debido al avance de las amenazas emergentes en el ciberespacio. Por lo que, se procedió a definir las prioridades estratégicas y funciones.

Contemplando el escenario, el Consejo Europeo comunicó en 2019 que la Unión Europea comenzaría a imponer sanciones a personas o entidades que lanzaran ciberataques, aunque fuese en grado de tentativa. Del mismo modo, aclaró que las sanciones también serían aplicables a quienes sirvieran de apoyo económico, técnico o material para la perpetración de los mismos o estuviesen implicados de cualquier otra forma con los ataques cibernéticos.

Estas medidas serían aplicadas cuando los ciberataques atentaran contra la seguridad de la Unión Europea y la de sus países miembros.

Igualmente, el marco de actuación sería extensible a los ciberataques cometidos contra países no pertenecientes a la Unión Europea y Organizaciones internacionales, cuando fuera necesario a fin de cumplir con los objetivos de *política exterior y seguridad común* (PESC).

Se trató sin lugar a dudas de una decisión acertada, ya que en julio de 2020 el Consejo de la Unión Europea impuso sanciones por primera vez, en base a este marco de actuaciones conjuntas[184]. La causa fueron varios intentos de ciberataques cometidos contra la *Organización para la Prohibición de las Armas Químicas*[185] (OPAQ). Las medidas impuestas a seis personas y tres entidades, consistió en prohibiciones para viajar e inmovilización de bienes. Los imputados —personas físicas y jurídicas— fueron igualmente excluidos de percibir fondos por parte de cualquier entidad perteneciente a la Unión Europea.

Los ciberataques intentaron ejecutarse mediante el uso de los ransomware[186] "*WannaCry*" y "NotPetya" y además, la *Operation Cloud*

---

184 Vid. Comunicado de prensa. Consejo de la UE. *La UE impone por primera vez sanciones en respuesta a los ciberataques - Consilium (europa.eu)*

185 OPAQ: Resultante de la Convención sobre las Armas Químicas (CAQ) de 1997, el cual fue el primer acuerdo multilateral cuyo objetivo es la eliminación de armas de destrucción masiva. Su número de miembros asciende a 196 estados. *Organización para la Prohibición de las Armas Químicas (opcw.org)*

186 Vid. Ref. Nº 2.

*Hopper.* Que se trata de una campaña de ciberespionaje para la recopilación de información, cuya autoría se imputa al grupo APT10. Organización criminal que opera desde 2009 dentro del ciberespacio, desarrollando principalmente actividades de ciberespionaje y se vincula al gobierno chino.

A finales de año, la Unión Europea anunció la creación de un Centro Europeo de Competencia en Ciberseguridad[187], con sede en Bucarest. Con el propósito de aumentar y reforzar facultades dentro de la ciberseguridad. Creando una Red de Centros Nacionales de coordinación, para generar un entorno seguro y favorable dentro del ciberespacio, del cual todos los estados miembros puedan beneficiarse igualmente para hacer crecer sus economías.

De hecho, con un enfoque en las economías y las finanzas digitales, en 2022 se alcanzó un acuerdo provisional relativo al Reglamento sobre la Resiliencia Operativa Digital (DORA) cuyo objetivo es instaurar la normativa sobre la cual las empresas garanticen un bajo nivel de vulnerabilidad ante cualquier indicio de ciberamenaza o ciberataque, defina sus riesgos e implementen protocolos de actuación, que velen por la seguridad de sus finanzas y pronta capacidad de recuperación. En este sentido, también se busca la protección digital del consumidor final.

En el mismo mes, se anunció la evolución de la Directiva SRI en la Directiva SRI 2, una evolución más en cuanto a la ciberseguridad y resiliencia de la Unión Europea, centrada en la gestión y cooperación para solventar ciberamenazas e incidentes en ciberseguridad. La nueva Directiva SRI 2, incluyó la implementación de la red "*CyCLONe*" es decir, *Red Europea de Organización de Enlace de Crisis Cibernética.* Siendo su tarea principal la gestión coordinada de los incidentes y crisis de ciberseguridad a gran escala.

Encaminada hacia un reforzamiento de las políticas de seguridad y defensa, implantó el plan denominado "Brújula estratégica", siendo su margen de actuación desde el 2022 hasta 2030. Aunado a la elaboración de distintos proyectos, centrados en un aumento de

---

187 Vid. Centro Europeo de Competencias en Ciberseguridad: *Red y Centro Europeo de Competencia en Ciberseguridad | Configurar el futuro digital de Europa.*

capacidades ante actividades cibernéticas ofensivas dirigidas hacia la Unión Europea y los países miembros.

No obstante, tras el contexto generado a raíz de la guerra entre Rusia y Ucrania, y aprobado ya el plan “Brújula estratégica”, la UE volvió a plantear la necesidad imperativa de dotarse de un conglomerado de herramientas que permitiera a la Unión combatir a las amenazas ocasionadas por las campañas híbridas. Las cuales, como pudimos ver en el desarrollo del caso Rusia-Ucrania, alcanzaron un nivel de proliferación alarmante.

Entrados ya en el 2023 la actividad de la Unión Europea no cesa, pues se encuentra redoblando esfuerzos, lo cual resulta lógico teniendo en consideración el panorama geopolítico actual, donde los conflictos entre los estados son la nota predominante y la actividad incesante de los ciberdelincuentes en el ciberespacio, precisa de una actuación conjunta y cada vez, infraestructuras más seguras, al igual que, personal debidamente cualificado que intercepte las amenazas.

Es por eso que, actualmente se encuentra en su fase de proyecto la Ley de Ciberresiliencia Europea[188]. El proyecto para establecer este reglamento se presentó por parte de la Comisión Europea en septiembre de 2022, en base a las estrategias de 2020 “Estrategia Ciberseguridad de la UE” y “Estrategia de la UE para una Unión de la Seguridad”.

La misión de la Ley de Ciberresiliencia Europea, detecta como focos de vulnerabilidad los productos de hardware y software, por ello, busca implementar más sistemas de ciberseguridad para que éstos dejen de suponer a las empresas pérdidas que llegan ascender a cifras millonarias y por ende, afecta a las economías y los flujos de mercado. Asimismo, la nueva Ley no sólo vela por los intereses económicos de los países miembros, también se orienta hacia la garantía de una protección efectiva sobre los consumidores y usuarios.

Huelga hacer mención también, al papel activo de la Unión en cuanto a establecer regulaciones que versan sobre las criptomone-

188 Vid. Proyecto Ley Ciberresiliencia Europea: *Ley de Resiliencia Cibernética | Configurar el futuro digital de Europa.*

das, para ofrecer así más "*seguridad jurídica, protección a los usuarios e inversores y generar una estabilidad financiera*" según expone en la web del Parlamento Europeo, tras su actualización en junio del presente 2023, después de que comunicara que finalmente en mayo fue aprobada la regulación en materia de criptoactivos por el Parlamento, y el Consejo, la cual alcanzó un acuerdo provisional en junio de 2022[189].

No obstante, con todas estas implementaciones, añadiendo además, la ciberdiplomacia de la Unión Europea y las que próximamente se agregarán dentro del entorno digital, los esfuerzos deberán ir en aumento, en consonancia con la evolución de las tecnologías, las cuales continuarán siendo susceptibles de ciberataques cada vez más sofisticados y centrados en dañar las economías, robar informaciones confidenciales y en resumen, continuar lucrándose de manera ilícita.

Tanto es así, que uno de los próximos proyectos de la Unión, se trata de la Ley de Inteligencia Artificial de la UE. Un plan ambicioso, a la par que necesario, tratándose de la primera ley integral del mundo sobre las inteligencias artificiales. Y sin lugar a dudas, un ejemplo en su máxima expresión del impacto de la Ciberinteligencia y la Geoeconomía en los marcos normativos.

Fue la Comisión Europea, quien propuso el primer marco regulador sobre las inteligencias artificiales en 2021, la propuesta incluyó la generación de un sistema de clasificación de las IAs, según el grado de riesgo que pueda suponer para los usuarios y a tenor de dichos riesgos, implantar medidas mitigadoras de los mismos con base en normas reguladoras específicas. A su vez, instaurar protocolos que permitan ejercer un control, para garantizar un uso seguro en las diferentes plataformas en las que se vayan insertando estas inteligencias.

Esa evaluación de riesgos, es bidireccional, es decir, valora tanto el riesgo del desarrollo de las inteligencias artificiales por parte de los proveedores de servicios, a los cuales se le impondrá una serie de obligaciones y estimará de igual modo, a los usuarios.

---

189 Vid. Sección de noticias del Parlamento Europeo. Economía: *Peligros de las criptomonedas y beneficios de la nueva legislación de la UE | Noticias | Parlamento Europeo (europa.eu)*

Según la última actualización ofrecida por el Parlamento Europeo a mediados de junio de 2023, la clasificación de cuatro niveles de riesgo, sobre los cuales se creará normativa propia quedarán clasificados en: riesgo inaceptable, alto riesgo, IA generativa, riesgo limitado.

No obstante, procederemos a observar de manera esquemática con cuatro niveles de riesgo, con las especificaciones ofrecidas hasta la fecha:

1. *Riesgo inaceptable*: inteligencias artificiales prohibidas. Aquellas que se consideren una amenaza para la población. En concreto, las inteligencias artificiales que influyan sobre el comportamiento de las personas o grupos vulnerables mediante la manipulación cognitiva. Además, aquellas que discriminen por capacidad económica, características físicas, etnia o grupo social.

2. *Alto riesgo*: inteligencias artificiales que menoscaben los derechos fundamentales y la seguridad ciudadana. Este nivel incluye una evaluación constante, antes y después de su puesta a disposición ante la población. Además, queda subdividido en dos categorías.

   → Inteligencias artificiales que se empleen en productos sujetos a la *Directiva 2001/95/CE del Parlamento Europeo y del Consejo de 3 de diciembre de 2001 relativa a la seguridad general de los productos.*

   → Inteligencias artificiales que deban registrarse en una base de datos de la UE por pertenecer a ámbitos específicos

3. *IA generativa*: Inteligencias artificiales que generan contenido original, como imágenes o textos, entre otros elementos, a partir de datos existentes y mediante patrones. En este nivel, habrá que cumplir con requisitos de transparencia, indicando que el contenido generado ha sido mediante el uso de una inteligencia artificial.

4. *Riesgo limitado*: Inteligencias artificiales que precisarán de un requisito de transparencia y generación de aviso al usuario de su interacción con ella, para que el usuario pueda prestar consentimiento previo y decidir sobre su uso.

Finalmente, se espera que la Ley de Inteligencia Artificial de la Unión Europea se encuentre operativa para finales del 2023.

Sin bien es cierto, que las inteligencias artificiales suponen todo un desafío legislativo, causado por el desconocimiento generalizado sobre dichas tecnologías y su alcance en términos generales, lo que también supone un verdadero reto en cuanto a ciberseguridad dentro del contexto geopolítico actual, son las campañas híbridas, la desinformación masiva y el ciberespionaje llevado a cabo por grupos de cibercriminales.

Esos factores son altamente desestabilizadores y contemplando el panorama actual, cualquier injerencia malintencionada podría detonar en un altercado internacional.

Ahora bien, si nos cuestionamos sobre los retos a los que se enfrenta no sólo la Unión Europea, sino todo la comunidad internacional y que supondrá una implicación aún más significativa de la Ciberinteligencia y la Geoeconomía dentro de los marcos normativos de cada sistema jurídico nacional, el primero en el que podemos llegar a pensar es en la necesidad de actualización constante. Lo que requerirá una alta celeridad por parte de los poderes legislativos para poder dar respuesta normativa a los incidentes que surjan.

De otro lado, esas respuestas normativas deberán hacer lo posible por armonizarse internacionalmente y así evitar choques legislativos que aletarguen más la necesidad inmediata de responder ante las amenazas.

La cooperación y coordinación son factores imperativos.

## *Capítulo 7*

# *Conclusiones y proyección de futuro*

Como hemos podido ver a lo largo del desarrollo de los casos, pese a las particularidades de cada uno, existe una serie de elementos que todos comparten, como es la presencia de la incertidumbre. Es decir, no puede saberse a ciencia cierta qué será lo siguiente que sucederá, se desconoce (aunque pueda pronosticarse, aquí la ciberinteligencia juega un papel destacado) cuáles serán las estrategias que cada estado lleve a cabo en pro de velar por sus intereses, así como no se puede predecir con una exactitud del 100% qué actitud tomará cada dirigente dentro de la comunidad internacional.

Otro factor presente es el cambio constante, las relaciones entre países pueden transformarse en pocos meses (tanto en sentido positivo como negativo), pueden firmarse acuerdos comerciales entre estados en cuestión de días y los conflictos pueden detonarse en horas.

Por lo que el grado de complejidad es palpable, ya que al margen del contexto internacional, los actores intervinientes deben al mismo tiempo salvaguardar sus países a nivel interno y de ahí la necesidad de dotarse de aquellos medios y herramientas que permitan generar y mantener una estabilidad y garantías, enfocadas en sus intereses y en los de su población.

Esos medios y herramientas de las que se sirven, son aquellas disciplinas o áreas del conocimiento que permiten cubrir todas estas necesidades y además, posibilitan detectar riesgos, amenazas y vulnerabilidades que deben ser contempladas con antelación o al menos con un margen de tiempo razonable, para poder ser paliadas a fin de evitar daños de cualquier índole (económica, social, política... ) y que puedan comprometer la seguridad e integridad de los estados.

En el caso de la geoeconomía y la ciberinteligencia, se tratan de herramientas que no sólo cubren esos requerimientos esenciales para los estados, sino que además, sirven para apoyar a la toma de decisiones y generar estrategias, encontrándose al mismo tiempo en constante evolución debido a la necesidad de adaptación ininterrumpida, motivada por los avances tanto a nivel social, como económicos y tecnológicos.

De igual modo, como ha podido contemplarse a lo largo del presente libro, el impacto de la geoeconomía y la ciberinteligencia en los marcos normativos de los países y organizaciones internacionales es más que evidente, a la par que vital y no sólo en materia de derecho internacional, sino también para establecer regulaciones para las instituciones y administraciones, así como servicios de inteligencia de cada país.

De hecho, la producción de legislación en torno a la ciberinteligencia y geoeconomía aumentará y deberá mantenerse en una continua actualización, llegando a alcanzar distintas ramas del derecho, como ya puede apreciarse a día de hoy.

Lo que requerirá un aumento de esfuerzos por parte de los distintos sistemas judiciales, así como actualización en materia de formación de los profesionales del ámbito jurídico. Pues de poco serviría contar con un amplio abanico normativo actualizado, si magistrados, jueces, fiscales, abogados, y demás personal, no poseyeran la formación necesaria.

Igualmente, ha quedado patente que es de vital importancia para los intereses de los estados, sus economías y empresas, además de, una proyección en conjunto de estas dos ramas del conocimiento, un desarrollo efectivo, actualizado y pertinente en materia de ciberseguridad. La cual cada vez requiere de más trabajo e implicación por parte de todos los actores internacionales para generar un entorno estable y proclive a combatir las ciberamenazas.

Es oportuno recordar que, las amenazas no sólo se localizan en ataques cibernéticos programados mediante códigos, la fuente de generación de los riesgos más altos procede igualmente, del factor más vulnerable actualmente en el ámbito de la ciberseguridad, el ser humano.

***Pues las campañas de desinformación masiva, el tráfico de información, las usurpaciones de identidad y la ingeniería social corren al cargo de las personas.***

Incluso las empresas suelen ser víctimas de ciberataques en mayor medida, no por fallas en sus equipos de información, protocolos de ciberseguridad o elementos externos ajenos a ellas, sino por sus trabajadores, quienes suelen ser la brecha de seguridad menos contemplada dentro de este ámbito. Y usualmente mediante esa manipulación cognitiva ejercida mediante el empleo de la ingeniería social a la que hemos hecho mención anteriormente.

Sin embargo, en otras ocasiones esas amenazas o ciberataques pueden producirse en el seno de un estado y ser dirigido hacia otro, de manera puntual o durante el desarrollo de una ciberguerra (también conocido bajo el concepto de guerra informática), donde el campo de batalla es el ciberespacio y los daños que se le pueden producir al país sobre el cual se realiza el ciberataque, pueden ser culminantes, tanto que colapse total o parcialmente aquellas infraestructuras críticas conectadas a la red, siendo el único requisito crear el menoscabo una brecha de seguridad o vulnerabilidad no detectada a tiempo.

Lo que como sabemos, realiza un efecto dominó afectando a diversos sectores de una nación y puede crear una paralización de servicios esenciales, lo que automáticamente genera una desestabilización y precisa de la activación de aquellos protocolos de emergencia destinados para tales fines, para así intentar volver a una normalidad en el menor tiempo posible. Pues cuanto más tiempo se demorase, mayor perjuicio para los intereses del país y por ende, su seguridad.

De ahí la necesidad de que un país inserte la ciberinteligencia y ciberseguridad dentro de su estructura y las configure de manera que evite estos escenarios para nada deseables.

No obstante, si contemplamos a los distintos países que conforman la comunidad internacional y sobre los que hemos hablado en los casos, las diferencias y desigualdades en cuanto a sus capacidades y alcance en ambas materias resulta más que evidente.

Por ejemplo, se ha visto que los medios con los que cuenta Rusia para desenvolverse dentro del ciberespacio son muy avanzados y se encuentran en desarollo (generando, interceptando y bloqueando información, así como su nivel para producir ciberataques), lo que en comparación con Kosovo deja en evidencia su bajo nivel en ciberseguridad y ciberinteligencia, elementos sobre los que necesitará trabajar, no sólo para prevenir un contexto de ciberguerra como el que acabamos de exponer, sino también para su progreso económico y salvaguardar sus intereses dentro del marco internacional.

El motivo de ese desnivel entre ambos países, es sencillo y reside en la capacidad económica y de medios, pues cuanto mayor sea la capacidad adquisitiva de un estado, mejores infraestructuras, más personal cualificado y mejores sistemas tecnológicos podrá tener a su disposición y por tanto, protegerse.

Y esas diferencias son observables en entre distintos países, no sólo en los dos mencionados a modo de ejemplo. La problemática reside en que la magnitud de los ciberataques, el secuestro de datos e informaciones, así como cualquier tipo de amenaza que pulula en el ciberespacio no discrimina entre estados, es decir, no rebaja su nivel de impacto, lo que se traduce en un riesgo no asumible para los países y conlleva la necesidad de sea cual sea su poder adquisitivo, establecer unos mínimos que garanticen su seguridad a nivel interno.

A nivel externo y examinándolo desde una perspectiva internacional desde el punto de vista de organizaciones y alianzas y/o asociaciones entre estados, los parámetros en cuanto a ciberseguridad y ciberinteligencia son más exigentes, pues usualmente se convierten en el centro de ciberataques de diversa índole.

A diferencia de lo que buscaría un ciberataque dirigido hacia un civil cualquiera (a no ser que el civil fuera utilizado como herramienta de acercamiento hacia el objetivo real), que normalmente se caracteriza por tener una finalidad económica, los ataques orientados a empresas (pequeñas, medianas o grandes) países y organizaciones internacionales, persiguen la sustracción de información sensible, comprometida o confidencial, pues se convierten en los activos más valiosos.

Imaginemos qué sucedería si mediante un ciberataque, el autor o autores del mismo, lograse hacerse con la información confidencial de un ministerio del gobierno o con la agenda programada de proyectos económicos de un país, el perjuicio causado podría tener diversas consecuencias, como que las estrategias generadas dejasen de poder aplicarse, que se filtrase y/o vendiese esa información a un país hostil y un largo etcétera.

En resumen, la seguridad nacional podría verse comprometida y si un ataque de tal calibre se perpetrase en el seno de una organización, se vería fractura su seguridad a nivel internacional. Es por eso que aplicar la ciberinteligencia y la ciberseguridad junto con la geoeconomía se han convertido en elementos imprescindibles y de alto impacto a día de hoy.

No obstante, no debe quedarse en la mente del lector que el único factor que puede tener consecuecias catastróficas a nivel internacional es un ciberataque (en cualesquiera de sus formas), pues también las campañas de desinformación masiva, las *fake news* y cualquier tipo de manipulación que se realice sobre la informacíón y sea difundida a través del ciberespacio, igualmente puede generar una gran alteración de la estabilidad dentro del contexto global.

Como hemos visto, dichas campañas pueden ser producidas por *hackers,* organizaciones de cibercriminales e incluso por los propios estados o en ejecución de una colaboración entre ambos, lo que se persigue es crear confusión, alterar la realidad y generar un efecto que beneficie al promotor de la campaña de desinformación.

Ya sea para ganar capacidad estrategica anticipativa en términos geoeconómicos, geopolíticos, para "despistar" a tropas enemigas durante el desarrollo de un conflicto en activo e incluso, para poner en el punto de mira a cualquier sujeto que realmente no suponga una amenaza, pero se pretenda selañarlo como tal y así dejar de ser el punto de mira y ganar margen de movimiento.

Supone un riesgo real y de ahí la necesidad de realizar una labor constante por parte de los estados y organizaciones no sólo impidiendo y frenando estas campañas, sino también difundiendo información real y contrastada desde portales oficiales, al mismo tiempo que se asientan unas bases educativas mínimas sobre ciberseguridad y desinformación para que sea la propia sociedad la que aprenda a detectar informaciones falsas y no propaguen su difusión mediante las redes sociales.

Ya que, las redes sociales son el medio a través del cual la desinformación se propaga a mayor escala y rapidez, llegando en ocasiones a opacar a la información veraz y generando desconcierto, a la par que conflictos entre los usuarios.

Quienes sin comprobar ni contrastar la información, asumen como verdadera la información manipulada y así ellos mismos continúan siendo un hilo conductor.

La Unión Europea en este sentido, realiza una labor muy activa para combatir la desinformación en el ámbito internacional a través del ciberespacio, al mismo tiempo que redobla esfuerzos de manera continua en cuanto a ciberseguridad y ciberinteligencia, para tratar de dotar del máximo de medios y recursos a sus instituciones y a los países miembros, de tal modo que se logre establecer y mantener una seguridad tanto fuera como dentro de la red.

Dichos esfuerzos, también se aplican en materia legislativa, donde existe una actualización constante para adaptar a la UE y los países miembros al devenir del contexto y necesidades internacionales sin olvidar cuáles son los objetivos de la Unión Europea, además, seguir el ritmo de avance de las nuevas tecnologías, de modo que se conozcan, comprendan y puedan desarrollarse para explotarlas en beneficio de las economías y estabilidad de los estados.

***Puntos Clave:***

- Nos encontramos en un entorno donde a nivel internacional la volatilidad, incertidumbre, complejidad, y ambigüedad son factores que se encuentran presentes.
    - Esto se conoce como "entorno VUCA"
    - El término no es nuevo.
    - El término se acuñó en la guerra fría por parte del ejército norteamericano.
    - Sus siglas se corresponden a (V) *Volatily,* (U) *Uncertainty,* (C) *Complexity* y (A) *Ambiguity.*
    - Usualmente empleado en el terreno empresarial, pero aplicable para más sectores y entornos.

- Hace referencia a la naturaleza y velocidad constante de cambio, a la incapacidad para predecir con certeza los hechos futuros. Y de igual modo, alude a la complejidad debido al alto número de factores intervinientes y que al mismo tiempo se interconectan, así como la presencia de la ambigüedad por falta de claridad y/o comprensión del entorno.
- Atención; los entornos BANI toman el relevo a los entornos VUCA como evolución de los anteriores.
- BANI: Debido al caos generado por la pandemia en el mundo, el concepto irrumpe especialmente a partir 2021. En un momento en el que la situación global cambia se requiere de nuevas herramientas o conceptos que nos ayuden a encontrar sentido a la realidad. Modelos que simplifiquen el contexto y nos permitan definir las respuestas adecuadas en un mundo incontrolable.
- El concepto BANI no es nuevo, fue creado en 2016 por Jamais Cascio, miembro del Instituto de Estudios del Futuro. El modelo BANI se acuña por primera vez en el artículo "Facing the Age of Chaos". BANI va más allá de VUCA porque define una realidad de caos y confusión, yendo mucho más allá de la inestabilidad y la incertidumbre de la que hablaba VUCA.
- Igual que con VUCA, el concepto responde a las siglas que forman el acrónimo. En inglés: B de frágil, A de ansiedad, N de no lineal e I de incomprensible
- VUCA y BANI son dos marcos conceptuales que buscan comprender y gestionar el cambio y la incertidumbre en el entorno empresarial y organizacional y de seguridad.

➢ La geoeconomía y la ciberinteligencia, aunque a pertenezcan a diferentes ramas de conocimiento, Geopolítica e Inteligencia respectivamente, se tratan de dos disciplinas interconectadas e indispensables en la actualidad.

➢ Su uso conjunto por parte de las empresas, los estados y organizaciones internacionales, les permite generar estrategias efectivas y anticiparse a riesgos no asumibles, aunque si posibles y que pueden generarse dentro del ciberespacio.

- El impacto de la ciberinteligencia y la geoeconomía en los marcos normativos es una realidad palpable y que además, continuará ocupando cada vez más espacio en los sistemas legislativos debido al avance de las economías y los mercados dentro del ciberespacio y el desarrollo de las nuevas tecnologías.
- La ciberseguridad es un elemento indisoluble que acompaña a la ciberinteligencia y geoeconomía, por lo que su relevancia continuará aumentando.
- Cuanto mejores sean los sistemas de protección y detección de amenazas en el ciberespacio para proteger infraestructuras, equipos informáticos e informaciones en la red, pertenecientes a las empresas, estados y organizaciones internacionales, más agresivos serán los ciberataques.
- Los cibercriminales y las organizaciones de ciberdelincuentes mejorarán su pericia a fin de continuar logrando sus objetivos. Por lo que es determinante una formación constante y nunca subestimar el ingenio de los ciberatacantes.
- Las informaciones que revistan un carácter sensible, confidencial y/o reservado, provengan de multinacionales o países, son los activos de mayor valor y consecuentemente, los más críticos, por tanto, velar por su integridad y seguridad es una prioridad dentro y fuera del contexto internacional.
- Las campañas de desinformación, suponen un riesgo para la estabilidad de los sistemas nacionales y para todo el conjunto de la comunidad internacional.
- Las redes sociales son el medio por excelencia utilizado para propagar de manera inmediata informaciones falsas y manipuladas. Ya sean formato escrito, de vídeo e incluso empleando el *deepfake*.
- Las difusión de informaciones falsas a través de redes sociales e internet en todo su conjunto, se realiza mayoritariamente mediante los propios usiarios, aunque también se destinan para ello *bots* previamente configurados, contando con una capaci-

dad de insertar un alto volumen de informaciones por minuto en dichas redes.

- Por tanto dotarse de sistemas que permitan detectarlas, paliarlas y subsanar los posibles daños que pueda haber generado, es una necesidad que compete a todos los actores internacionales y servirse de la ciberinteligencia para ello, es la decisión más acertada.
- Es imprescindible a nivel social, inculcar y difundir una cultura de ciberseguridad. Pues al ser el factor humano una de las mayores vulnerabilidades existentes y mediante las cuales logran tener éxito los ciberataques, cuanto mejor se eduque y forme a la ciudadanía, menor porcentaje de éxito tendrán los ciberdelincuentes.
- Una sociedad que sea capaz de detectar por si misma y de manera individual las ciberamenazas, significará menos riesgos para los estados, quienes podrán concentrar sus esfuerzos en continuar implementando mejoras que velen por los intereses del país.
- Los conflictos internacionales en activo, tanto los que competen a los casos desarrollados (Rusia-Ucrania, Serbia-Kosovo, Chipre-Turquía) como a los existentes en la actualidad, son un claro ejemplo de la importancia de la geoeconomía y la ciberinteligencia, así como su impacto.
- Un control efectivo de todos estos factores, aunados a los ordenamientos jurídicos que cada vez tendrán más presente a la Ciberinteligencia y a la Geoeconomía a la hora de legislar, podrá ir haciendo frente al devenir tecnológico.
- Muy probablemente, se irán fusionando con otras ramas del Derecho por necesidad adaptativa, como ya se ha venido haciendo, para así extenderlo a los convenios y tratados internacionales. Y así, velar por los intereses de los estados y asegurar en gran medida los sectores económicos y financieros.
- Si bien es cierto, que la tarea a desempeñar es ardua, más pesado sería resistirse a una evolución que se aproxima a pasos agigantados. Sólo cabe mantener una actitud cooperativa y activa,

así como, reflexiva ante los movimientos actuales que puedan repercutir e influir sobre el resto de los actores internacionales.

- En cuanto a qué esperar sobre el panorama geopolítico actual, si bien sería esperable que los conflictos actuales desencadenaran en una disputa aún mayor, que compeliera a una intervención más contundente por parte de la comunidad internacional, los intereses en juego son demasiado preciados como para llevar a cabo acciones impulsivas y difícilmente defendibles o justificables.
- No obstante, nada es descartable y lo recomendable es permanecer atentos a las pequeñas variables e indicadores que puedan denotar cualquier tipo de cambio, en su vertiente positiva o negativa.
- Las contiendas seguirán existiendo, pensar lo contrario carecería de razonamiento lógico y denotaría bajo nivel de análisis de los hechos pasados y presentes, aunque muy probablemente el entorno donde desenvuelvan en mayor medida será el ciberespacio. Pues poco a poco, va convirtiéndose en el mayor depósito de los activos más valiosos, la información, como se ha mencionado anteriormente.

***¿Queremos decir con esto qué el estado u organización que logre poseer más información será el más influyente o dominante?***

Lo que debe interpretarse es que, quien hábilmente logre proteger su información, así como obtener la de sus contrarios y utilizarla, será quien obtenga un mayor éxito generando estrategias más definidas y certeras, que le permitirán velar por los intereses de su nación y por defecto, su desarrollo económico. Esto se proyecta y proyectara en una brecha diferencial para aquellos estados y organizaciones que dispongan y utilicen los beneficios de la Ciberinteligencia. Asistiremos a una desnivelación geopolítica derivada del uso efectivo de la Ciberinteligencia.

El *quid* de la cuestión se encuentra en la Ciberinteligencia.

No obstante, se torna cuanto menos curioso el hecho de observar las dos caras de la humanidad y se emplea el término humanidad en este contexto para aludir a todo el entramado de actores que conforman la comunidad internacional.

De un lado, cuenta con una alta tecnología, que continuará avanzando y persigue ir superando sus propios límites para ofrecer de manera ininterrumpida mejoras a la sociedad y a todos los sectores económicos.

Y por otro, si contemplamos el escenario internacional, en concreto los pertenecientes a los casos desarrollados, los conflictos del presente se alimentan de las tensiones y disputas del pasado. Cada cual con sus elementos distintivos, pero siempre recordando a viejos fantasmas.

Lo que hace plantearse si los desafíos futuros deberían cubrir también la necesidad de reorientar hacia una promoción de valores y concienciación sobre la necesidad abandonar la insertada ley del mínimo esfuerzo, en vez de más productos.

Un mundo conectado es un avance, en tanto en cuanto, no nos desconecte de la realidad y nos suma en nuestra pequeña parcela de percepción y desconocimiento.

Disertaciones a parte, se invita al lector no sólo a reflexionar sobre estas últimas líneas, sino también a contemplar la necesidad de formarse como ciudadano en estas áreas de conocimiento, las cuales son y serán imprescindibles.

# *Bibliografía y referencias*

## *Libros, artículos y monografías*


Annan, K. (2004). *The comprehensive settlement of the Cyprus problem.* Un Official Paper, 31. http://www.hri.org/docs/annan/Annan_Plan_April2004.pdf.

Baños, P. (2018). *El dominio mundial: Elementos del poder y claves geopolíticas.* Barcelona: Editorial Ariel

Baños, P. (2020). *El dominio mental: La geopolítica de la mente.* Barcelona: Editorial Ariel.

Baños, P. (2022). *La encrucijada mundial: un manual del mañana.* Barcelona: Editorial Ariel.

Calderón, J. L. P. (2020). *Efectos geopolíticos de la COVID-19: punto de situación.* Boletín IEEE, 18, 257-270. https://www.ieee.es/Galerias/fichero/docs_analisis/2020/DIEEEA18_2020JOSPON_geopoliticaCovid.pdf.

Calvo, J. L. (2023). De la guerra silenciosa a la híbrida. *Revista española de defensa,* 36 (404), 54-57. https://www.defensa.gob.es/Galerias/gabinete/red/2023/04/p-54-57-red-404-desinformacion.pdf.

De las Matas Martín, M. S. (2007). El Punto de vista soviético sobre el Pacto MóLotov-ribbentroP. *Reflexiones,* 86(1), 179-195.

Luttwak, E. (1990). From Geopolitics to Geo-Economics: Logic of Conflict, Grammar of Commerce. *The National Interest,* 20: 17-23

Piella, G. C. (2018). *Guerras híbridas. Cuando el contexto lo es todo.* Ejército: de tierra español, 927, 38-44.

Pigna, F. (2023). La cultura micénica. *El Historiador.* https://www.elhistoriador.com.ar/la-cultura-micenica/.

Sánchez-Bayón, A. (2012). *Filosofía Político-Jurídica Glocal: acerca del poder, el gobierno y la ordenación en la globalización,* Saarbrücken: LAP LAMBERT Academic Publishing GmbH & Co./Editorial Académica Española.

Sánchez-Bayón, A. (2012). *Sistema de Derecho Comparado y Global.* Valencia: Tirant Lo Blanch.

Sánchez-Bayón, A. (2014). Global System in a Changing Social Reality: How to Rethink and to study it. *Beijing Law Review,* 5: 196-209. http://dx.doi.org/10.4236/blr.2014.53019

Sánchez-Bayón, A. (2015). Política, Derecho y Administración en la Globalización: ¿es posible un orden común? *Rev. Pensamiento Americano,* 8(15): 125-145

Sánchez-Bayón, A. (2016). *Problemas y retos para alcanzar la sociedad del conocimiento: el déficit ético-moral y los cambios económico-sociales (propuesta humanista iberoamericana de postglobalización),* Madrid: Delta Publicaciones

Sánchez-Bayón, A. (2016). Gobernanza glocal: claves sobre el orden y administración en la globalización (p. 107-133), en García, S. (coord.): *La Gobernanza y sus enfoques* (Serie Gobernanza nº1), Madrid: Delta Publicaciones

Sánchez-Bayón, A. (2017). Revelaciones conceptuales y lingüísticas de la posglobalización. *Carthaginensia. Revista de Estudios e Investigación,* 33(64): 411-458

Sánchez-Bayón, A. (2018). Balance de la Sociología tras la globalización, *Eduser-Revista de Educação,* 10(1): 49-68

Sánchez-Bayón, A. (2019). Problemas convergentes de derecho, economía y sociología en la posglobalización. *Derecho y Cambio Social,* 57: 12-41

Sánchez-Bayón, A. (2019). Cultura democrática a juicio en la posglobalización: claves sociológicas y ontológicas de i-ciudadanía y e-democracia. *Cuadernos Manuel Giménez Abad,* 17: 130-148

Sánchez-Bayón, A. (2023). Las consecuencias globales de la guerra en Ucrania y propuestas de pacificación desde los Derechos Humanos. *Semestre Económico, 12*(1), 4–26. https://doi.org/10.26867/se.2023.v12i1.141

Trios, S. (2018). *Congreso de Berlín.* https://leyderecho.org/congreso-de-berlin/.

Trios, S. (2019). *Tratado de Pereiaslav.* https://leyderecho.org/tratado-de-pereiaslav/.

Trios, S. (2019). *Tratado de San Stefano.* https://leyderecho.org/tratado-de-san-stefano/.

Valero, J., Sánchez-Bayón, A. (2018). *Balance de la globalización y teoría social de la posglobalización: cómo percibir y gestionar la diversa, compleja y voluble realidad social en curso del TecnoEvo,* Madrid: Dykinson.

Yapar, H. (2021). *De la Profundidad Estratégica a la Patria Azul y más allá. Comprendiendo la deriva de Turquía hacia una mayor autonomía estratégica.* Boletín IEEE, 22, 264-280. https://www.ieee.es/publicaciones-new/documentos-de-opinion/2021/DIEEEO40_2021_HAKYAP_Turquia.html.

## *Leyes, proyectos, decretos y órdenes*


- Comisión Europea (2022). Ley de Resiliencia Cibernética. Configurar el futuro digital de Europa. https://digital-strategy.ec.europa.eu/en/library/cyber-resilience-act.
- Consejo Europeo (2008). Acción Común 2008/124/PESC sobre la Misión de la Unión Europea por el Estado de Derecho en Kosovo, EULEX KOSOVO. https://eur-lex.europa.eu/legal-content/ES/TXT/HTML/?uri=CELEX:02008E0124-20161114&from=RO.
- Consejo Europeo (2008). Documento ACCIÓN COMÚN 2008/124/PESC DEL CONSEJO de 4 de febrero de 2008 sobre la Misión de la Unión Europea por el Estado de Derecho en Kosovo, EULEX Kosovo https://eur-lex.europa.eu/legal-content/ES/TXT/PDF/?uri=CELEX:32008E0124.
- Consejo Europeo (2023). Convenio sobre la ciberdelincuencia, STE 185. https://rm.coe.int/16802fa403.
- de la Unión Europea, C. (1998). Posición Común, de 8 de junio de 1998, definida por el Consejo sobre la Base del artículo J.2 del Tratado de la Unión Europea relativa a la prohibición de realizar nuevas inversiones en Serbia. https://www.boe.es/doue/1998/165/L00001-00001.pdf
- de la Unión Europea, C. (2022). Cronología-Medidas restrictivas de la UE contra Rusia por sus actos en Ucrania. https://www.consilium.europa.eu/es/policies/sanctions/restrictive-measures-against-russia-over-ukraine/history-restrictive-measures-against-russia-over-ukraine/
- Europea, U. (2008). Versión Consolidada del Tratado de la Unión Europea. Diario Oficial de la Unión Europea, mayo, C 115/15, https://eur-lex.europa.eu/LexUriServ/LexUriServ.do?uri=OJ:C:2008:115:0013:0045:es:PDF.
- Europea, U. (2010). Versión consolidada del Tratado de la Unión Europea. Diario Oficial de la Unión Europea, 30 de marzo de 2010, 83. https://www.boe.es/doue/2010/083/Z00013-00046.pdf.
- Europea, U. (2010). Versión consolidada del Tratado de la Unión Europea. Comunicaciones e Informaciones, Diario Oficial de la Unión Europea, marzo, C, 83. https://www.boe.es/doue/2010/083/Z00013-00046.pdf.
- Europea, U. (2018). Arrangement. https://eur-lex.europa.eu/legal-content/EN/TXT/PDF/?uri=CELEX:32018D0937.
- Gobierno de España (1829). Norma (Ley) - Tratado de Adrianópolis, 1829. PARES | Archivos Españoles (mcu.es). https://pares.mcu.es/ParesBusquedas20/catalogo/autoridad/106885/imprimir

- Gobierno de España (2002) Instrumento de Ratificación del Convenio Internacional para la Represión de la Financiación del Terrorismo, hecho en Nueva York el 9 de diciembre de 1999. BOE-A-2002-9850. https://www.boe.es/buscar/doc.php?id=BOE-A-2002-9850.
- Gobierno de España (2002) Instrumento de Ratificación del Convenio Internacional para la Represión de la Financiación del Terrorismo, hecho en Nueva York el 9 de diciembre de 1999. BOE-A-2002-9850. https://www.boe.es/buscar/doc.php?id=BOE-A-2002-9850.
- OMC (1996). Declaración Ministerial sobre el Comercio de Productos de Tecnología de la Información. https://www.wto.org/spanish/docs_s/legal_s/itadec_s.htm.
- OMC (1994). Acuerdo General sobre Aranceles Aduaneros y Comercio (GATT de 1947). https://www.wto.org/spanish/docs_s/legal_s/gatt47.pdf.
- Parlamento Europeo (2007). Resolución del Parlamento Europeo sobre el futuro de Kosovo y el papel de la UE. https://www.europarl.europa.eu/doceo/document/TA-6-2007-0097_ES.html.
- Parlamento Europeo y El Consejo de la Unión Europea (1999). Decisión Nº 276/1999/Ce del Parlamento Europeo y del Consejo de 25 de enero de 1999 por la que se aprueba un plan plurianual de acción comunitaria para propiciar una mayor seguridad en la utilización de Internet mediante la lucha contra los contenidos ilícitos y nocivos en las redes mundiales. eur-lex.europa.eu/legal-content/ES/TXT/PDF/?uri=CELEX:31999D0276.
- Parlamento Europeo y el Consejo de la Unión Europea (2002). Directiva 2002/58/CE del Parlamento Europeo y del Consejo, de 12 de julio de 2002, relativa al tratamiento de los datos personales y a la protección de la intimidad en el sector de las comunicaciones electrónicas (Directiva sobre la privacidad y las comunicaciones electrónicas). EUR-Lex - 32002L0058 - EN - EUR-Lex (europa.eu).
- Parlamento Europeo y el Consejo de la Unión Europea (1995). Directiva 95/46/CE del Parlamento Europeo y del Consejo, de 24 de octubre de 1995, relativa a la protección de las personas físicas en lo que respecta al tratamiento de datos personales y a la libre circulación de estos datos. EUR-Lex - 31995L0046 - EN - EUR-Lex (europa.eu).
- Parlamento Europeo y El Consejo de la Unión Europea (2016). Directiva (UE) 2016/ 1148 relativa a las medidas destinadas a garantizar un elevado nivel común de seguridad de las redes y sistemas de información en la Unión. Diario Oficial de la Unión Europea, L 194/1. https://www.boe.es/doue/2016/194/L00001-00030.pdf.

- Parlamento Europeo y el Consejo de la Unión Europea (2021). Reglamento (UE) 2016/679 del Parlamento Europeo y del Consejo de 27 de abril de 2016 relativo a la protección de las personas físicas en lo que respecta al tratamiento de datos personales ya la libre circulación de estos datos y por el que se deroga la Directiva 95/46/CE (Reglamento general de protección de datos) DOUE-L-2016-80807 https://www.boe.es/doue/2016/119/L00001-00088.pdf.
- United States Government (2023). USA Patriot Act. https://www.fincen.gov/resources/statutes-regulations/usa-patriot-act.
- United States Small Business Administration (2023). La Ley de Privacidad. https://www.sba.gov/about-sba/open-government/privacy-act.

## *Informes y reportes*

- Banco de España (2022). Sanciones económicas y financieras a Rusia. https://www.bde.es/f/webbde/Secciones/Publicaciones/InformesBoletinesRevistas/InformesEstabilidadFinancera/22/IEF_2022_1_Rec1_1.pdf.
- Comisión Europea (2006). Estrategia para una sociedad de la información segura http://publications.europa.eu/resource/cellar/c9b1b293-cfab-4a99-8c70-164b59000a83.0003.02/DOC_2.
- Comisión Europea (2012). Chapters of the acquis. https://neighbourhood-enlargement.ec.europa.eu/enlargement-policy/conditions-membership/chapters-acquis_en.
- Comisión Europea (2014). Ataques contra los sistemas de información. https://eur-lex.europa.eu/ES/legal-content/summary/attacks-against-information-systems.html.
- Comisión Europea (2023). Red y Centro Europeo de Competencia en Ciberseguridad. https://digital-strategy.ec.europa.eu/en/policies/cybersecurity-competence-centre.
- Consejo Europeo (2017). Ciberseguridad: las instituciones de la UE refuerzan la cooperación para combatir los ciberataques. https://www.consilium.europa.eu/es/press/press-releases/2017/12/20/cybersecurity-eu-institutions-strengthen-cooperation-to-counter-cyber-attacks/.
- Consejo Europeo (2020). La UE impone por primera vez sanciones en respuesta a los ciberataques. https://www.consilium.europa.eu/es/press/press-releases/2020/07/30/eu-imposes-the-first-ever-sanctions-against-cyber-attacks/.
- Consejo Europeo (2023). Plan de Recuperación de la UE: el Consejo adopta el plan REPowerEU, Comunicado de prensa. https://www.consi-

lium.europa.eu/es/press/press-releases/2023/02/21/eu-recovery-plan-council-adopts-repowereu/.

- Consejo Europeo (2023). Cómo funcionan las sanciones de la UE contra Rusia. https://www.consilium.europa.eu/es/policies/sanctions/restrictive-measures-against-russia-over-ukraine/sanctions-against-russia-explained/#food.
- Corte Institucional de Justicia. Opinión Consultiva (2008). Conformidad con el derecho internacional de la declaración unilateral de independencia de Kosovo. del 17 de febrero de 2008. https://www.dipublico.org/cij/doc/180.pdf.
- Departamento de Estado de los Estados - GEC (2020). Pilares del Ecosistema de Desinformación y Propaganda de Rusia. https://www.state.gov/wp-content/uploads/2020/08/Pilares-del-Ecosistema-de-Desinformacioi%CC%80n-y-Propaganda-de-Rusia.pdf.
- EuroAsia Interconnector (2023). EuroAsia project schedule. https://euroasia-interconnector.com/at-glance/project-timeline/.
- Gobierno de España (2021). España, a la cabeza mundial en Ciberseguridad. Comunicación de prensa. https://www.dsn.gob.es/es/actualidad/sala-prensa/espa%C3%B1a-cabeza-mundial-ciberseguridad#:~:text=El%20%C3%8Dndice%20Global%20de%20Ciberseguridad%2C%20elaborado%20peri%C3%B3dicamente%20por%20la%20Uni%C3%B3n,Estados%20miembros%20con%20la%20ciberseguridad.
- Gobierno de España (2023). Unión Europea / Otan – Serbia / Kosovo. https://www.dsn.gob.es/es/actualidad/seguridad-nacional-ultima-hora/uni%C3%B3n-europea-otan-%E2%80%93-serbia-kosovo.
- Ministerio de Asuntos Exteriores, Unión Europea y Cooperación (2023). Cruce de la Línea de Demarcación y estancia en el Norte de la isla. https://www.exteriores.gob.es/Embajadas/nicosia/es/ViajarA/Paginas/Cruce-de-la-L%C3%ADnea-de-Demarcaci%C3%B3n-y-estancia-en-el-Norte-de-la-isla.aspx.
- Ministerio de Defensa de España (2023). Kosovo (KFOR). https://www.defensa.gob.es/misiones/en_exterior/historico/listado/kosovo.html.
- Ministerio de Defensa de España (2015). El muro Chipriotra. Revista Española de Defensa, 321, 44-49. https://www.defensa.gob.es/Galerias/gabinete/red/2015/red-321-analisis-chipre.pdf.
- INE (2020). Cifras INE. Boletin informativo INE. https://www.ine.es/ss/Satellite?L=es_ES&c=INECifrasINE_C&cid=1259952923622&p=1254735116567&pagename=ProductosYServicios%2FINECifrasINE_C%2FPYSDetalleCifrasINE.

- Naciones Unidas (1961). Privileges and Immunities, Diplomatic and Consular Relations, etc., Chapter III. Vienna Convention on Diplomatic Relations. Vienna 18 April 1961, TITLE 3. https://www.unido.org/sites/default/files/2010-10/Vienna_Diplomates-S_0.pdf.
- Naciones Unidas (1964). UNFICYP Ficha informativa. https://peacekeeping.un.org/es/mission/unficyp.
- Naciones Unidas (2001). Handbook on the delimitation of maritime boundary. https://www.un.org/depts/los/doalos_publications/publicationstexts/Handbook%20on%20the%20delimitation%20of%20maritime%20boundary_Spa.pdf.
- Naciones Unidas (2002). Tratados y principios de las Naciones Unidas sobre el Espacio Ultraterrestre. https://www.unoosa.org/pdf/publications/STSPACE11S.pdf.
- Naciones Unidas (2007). Kosovo: Enviado de la ONU destaca importancia de mejorar propuesta para estatuto futuro. https://news.un.org/es/story/2007/02/1098301.
- Naciones Unidas (2008). Convención de Viena sobre el Derecho de los Tratados. https://legal.un.org/avl/pdf/ha/vclt/vclt_ph_s.pdf.
- Naciones Unidas. Informes sobre el cambio climático. https://www.un.org/es/climatechange/reports.
- Naciones Unidas (2023). Situación y perspectivas de la economía mundial a mediados de 2023. E/2023/80. Nueva York. https://desapublications-un-org.translate.goog/publications/world-economic-situation-and-prospects-mid-2023?_x_tr_sl=en&_x_tr_tl=es&_x_tr_hl=es&_x_tr_pto=sc.
- Naciones Unidas (2023). Resolución del Consejo de Seguridad de las Naciones Unidas – Kosovo. https://documents-dds-ny.un.org/doc/UNDOC/GEN/N99/172/92/PDF/N9917292.pdf?OpenElement.
- OMS (2020). COVID-19: cronología de la actuación de la OMS. https://www.who.int/es/news/item/27-04-2020-who-timeline—covid-19.
- Parlamento Europeo (2022). Peligros de las criptomonedas y beneficios de la nueva legislación de la UE. Noticias. Economía. https://www.europarl.europa.eu/news/es/headlines/economy/20220324STO26154/peligros-de-las-criptomonedas-y-beneficios-de-la-nueva-legislacion-de-la-ue.
- Parlamento Europeo (2020). Chipre y la Unión Europea. Ficha temática nº 1. Grupo de Trabajo de la Secretaría General Task-Force "Ampliación". https://www.europarl.europa.eu/enlargement/briefings/pdf/1a1_es.pdf.

- Parlamento Europeo (2023). Visto bueno definitivo a la exención de visados para ciudadanos de Kosovo. Noticias. Destacados del pleno. https://www.europarl.europa.eu/news/es/agenda/briefing/2023-04-17/9/visto-bueno-definitivo-a-la-exencion-de-visados-para-ciudadanos-de-kosovo.
- Parlamento Europeo (2023). La presidenta de Kosovo, Vjosa Osmani, interviene ante el Parlamento Europeo. Noticias. Destacados del pleno. https://www.europarl.europa.eu/news/es/agenda/briefing/2023-06-12/9/la-presidenta-de-kosovo-vjosa-osmani-interviene-ante-el-parlamento-europeo#:~:text=La%20presidenta%20de%20Kosovo%2C%20Vjosa,%2D2023%20%7C%20Noticias%20%7C%20Parlamento%20Europeo.
- Parlamento Europeo (2023). Los Balcanes Occidentales. Fichas temáticas sobre la Unión Europea. https://www.europarl.europa.eu/factsheets/es/sheet/168/los-balcanes-occidentales.
- Traducción de "Primera Crónica Eslava" o "Crónica de Néstor". http://pvl.obdurodon.org/translation/spanish.pdf.
- Tratado de Lausana - Archivo de documentos de la Primera Guerra Mundial. https://wwi.lib.byu.edu/index.php/Treaty_of_Lausanne.
- Tribunal de Justicia de la Unión Europea (2023). Presentación https://curia.europa.eu/jcms/jcms/Jo2_7024/es/.
- United States Office of Personnel Management (2015). OPM notificará a los empleados sobre un incidente de ciberseguridad. https://www.opm.gov/news/releases/2015/06/opm-to-notify-employees-of-cybersecurity-incident/.
- Vaticano (2023). Carta encíclica Sempiternus rex christus de su santidad el Papa pío XII sobre el concilio ecuménico de calcedonia celebrado hace quince siglos. https://www.vatican.va/content/pius-xii/es/encyclicals/documents/hf_p-xii_enc_08091951_sempiternus-rex-christus.pdf.

## *Páginas web consultadas*

Base de datos de misiles. Descripciones y especificaciones. https://en.missilery.info/.

CIRC (1998). Las guerra balcánicas (1912-1913). https://www.icrc.org/es/doc/resources/documents/misc/5tdmyl.htm.

CCN. Glosario (cni.es).

CCN (2023). Guía de Seguridad de las TICs. Edición 2023, file.html (cni.es).

CIDOB (2020). Crisis sanitaria del COVID-19: la respuesta de Europa contra la pandemia.

Chipre. https://etimologias.dechile.net/?Chipre.

Comparador de Constituciones del Mundo (2023). Chipre 1960. https://www.bcn.cl/procesoconstituyente/comparadordeconstituciones/constitucion/cyp.

EPIC (2023). Ley de Privacidad de las Comunicaciones Electrónicas (ECPA). https://epic.org/ecpa/.

EOM (2022). ¿Qué es una guerra asimétrica? https://elordenmundial.com/que-es-guerra-asimetrica/.

ENISA (2023). https://www.enisa.europa.eu/.

Historia de Chipre. https://www.grecotour.com/chipre/guia-de-viaje/historia-de-chipre.htm.

Kapersky. Qué es la deep web y cómo entrar en la dark web. https://www.kaspersky.es/resource-center/threats/deep-web.

Kosovo Intelligence Agency (AKI) (2023). Welcome. https://aki-rks.org/HTML_ENG/home.html.

National Geographic (2023). Alejandro Magno, el gran conquistador: quién fue, qué hizo y quién lo derrotó. https://historia.nationalgeographic.com.es/personajes/alejandro-magno.

NordVPN (2022). Pegasus spyware: ¿qué necesitas saber? https://nordvpn.com/es/blog/que-es-pegasus-y-como-funciona/#:~:text=Pegasus%20es%20una%20app%20de,punto%20de%20vigilancia%20en%20remoto.

RAE (2023). Definición de zona económica exclusiva. https://dpej.rae.es/lema/zona-econ%C3%B3mica-exclusiva.

Real Instituto Elcano (2016). El control del ciberespacio turco. https://www.realinstitutoelcano.org/blog/control-del-ciberespacio-turco/.

República de Kosovo (2008). Creación Agencia Servicio Inteligencia Kosovo. https://aki-rks.org/HTML_ENG/2008_03-L063_en.pdf.

Rojava Azadi (2023). Controvertido jefe de espionaje nuevo titular del Ministerio de Exteriores de Turquía. https://rojavaazadimadrid.org/controvertido-jefe-de-espionaje-nuevo-titular-del-ministerio-de-exteriores-de-turquia/.

Security Information Agency (2022). Welcome to the Security Information Agency website. https://www.bia.gov.rs/en/.

TRT (2014). La Historia Europea y Los Turcos. https://www.trt.net.tr/espanol/la-historia-europea-y-los-turcos/2014/10/14/la-historia-europea-y-los-turcos-41-2014-152477.

Vierecke, L. (2023). Osman Kavala: entrevista exclusiva desde una cárcel turca. https://www.dw.com/es/activista-turco-osman-kavala-una-entrevista-exclusiva-desde-la-c%C3%A1rcel/a-65566305.

Wassonpor. D. L. (2016). Dinastía Ptolemaica. https://www.worldhistory.org/trans/es/1-15258/dinastia-ptolemaica/.

## *Noticias de prensa, blogs*

BBC (2023). Detienen a un menor de 13 años por ataque en una escuela en Serbia en el que murieron al menos 8 alumnos y un guardia. https://www.bbc.com/mundo/noticias-internacional-65472186.

Bustelo, G. (2023). Ciberestafa de la solidaridad: el gancho es el terremoto de Turquía. Red de seguridad. https://www.redseguridad.com/actualidad/ciberestafa-de-la-solidaridad-el-gancho-es-el-terremoto-de-turquia_20230209.html.

CIBERSEGURIDAD. Noticias de ciberseguridad, ciberataques, vulnerabilidades informáticas. https://ciberseguridad.com/normativa/china/#Tensiones_entre_Estados_Unidos_y_China.

Cyber Intelligence (2023). Índice de Exposición Cibernética. https://cyber-exposureindex.com/.

Erdogan (2023). Mensaje de Erdogan a Grecia: "No te olvides de Izmir". https://www.youtube.com/watch?v=ElMoWnGe1pA.

González, A. (2014). ONU Turquía revisar leyes N°.5651 y 6518 en consonancia con normas internacionales. Nota de prensa. Globedia. http://es.globedia.com/onu-turquia-revisar-leyes-5651-6518-consonancia-normas-internacionales.

ICEX (2022). Serbia. https://www.icex.es/content/dam/es/icex/documentos/todos-nuestro-servicios/informacion-mercados/publicaciones/2022/08/DAX2022914047.pdf.

Magazine Historia (1997). 23 Julio 1878 se firma el Tratado del Congreso de Berlín. https://www.historia.com/magazine/23-julio-1878-se-firma-tratado-del-congreso-berlin/.

Mark, J.J. (2018). La Rus de Kiev - Enciclopedia de la Historia del Mundo. https://www.worldhistory.org/trans/es/1-16603/la-rus-de-kiev/.

Nicosia (2004). El 76% de los grecochipriotas y el 35% de los turcochipriotas votan contra la reunificación de la isla. El Mundo. https://www.elmundo.es/elmundo/2004/04/24/internacional/1082780969.html.

Risen, J. y Lichtblau, E. (2005). Bush Lets U.S. Spy on Callers Without Courts. New York Times. https://web.archive.org/web/20060206162614/http:/www.commondreams.org/headlines05/1216-01.htm.

SEON (2023). Devela Patrones de Fraude y Descubre Oportunidades de Ganancias https://seon.io/es/

SPUTNIK MUNDO (2023). Serbia y EEUU acuerdan fortalecer su cooperación militar. https://sputniknews.lat/20230607/serbia-y-eeuu-acuerdan-fortalecer-su-cooperacion-militar-1140318527.html.

The Diplomat (2023). España se desmarca de UE y no aplicará la exención de visados a Kosovo. https://thediplomatinspain.com/2023/04/espana-se-desmarca-de-la-ue-y-no-aplicara-la-exencion-de-los-visados-a-kosovo/

Varios (1999). Revista de Defensa, 136, junio, defensa.gob.es.

*Especial agradecimiento por el apoyo en la presente obra a la empresa*

**MiB!ZPARTNERS**